好孩子，
是教出来的

未来教育工作室 ◎ 著

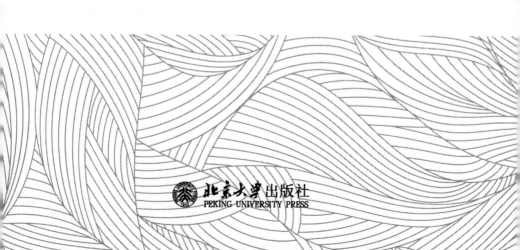

北京大学出版社
PEKING UNIVERSITY PRESS

目录

前言	-005-
女儿把我当闺蜜	-010-
新手妈妈如何不焦虑	-015-
妈妈的时间管理：家庭与职场如何平衡？	-022-
耐心是家长爱孩子的第一表现形式	-028-
共情的力量，我与孩子沟通的秘密武器	-033-
家长会教，孩子才能拥有好脾气	-040-

第一章 妈妈的好心态决定孩子的好状态

从小用好这三样，呵护孩子吃、住、行	-050-
孩子缺少自信怎么办？	-058-
孩子内向、不爱说话怎么办？	-067-
孩子讨厌体育运动怎么办？	-074-
孩子身体抵抗力差怎么办？	-080-
孩子得了儿童抽动症怎么办？	-086-

第二章 守护好孩子的性格与健康

目录

孩子变成宅娃怎么办? -098-
孩子爱吃零食怎么办? -107-
孩子拖拉磨蹭怎么办? -117-
孩子总是说谎怎么办? -124-
孩子总是叛逆怎么办? -130-
孩子见什么都想买怎么办? -137-

如何提升孩子的领导力? -142-
如何提升孩子的专注力? -148-
如何提升孩子的想象力? -157-
如何提升孩子的学习能力? -165-
如何提升孩子的抗挫折能力? -170-
如何提升孩子的表达能力? -175-
如何提升孩子的自主阅读能力? -181-
如何提升孩子的逻辑思维能力? -188-

003

第五章 别让学校成为孩子的"噩梦"

孩子不愿上幼儿园怎么办? -196-
同学让孩子不开心怎么办? -201-
孩子如果遭遇校园霸凌怎么办? -205-
进入小学前是否有必要上幼小衔接班? -211-
如何为孩子选择合适的幼小衔接方式? -217-
妈妈应该如何与老师进行有效沟通? -222-

第六章 如何让学习成为孩子的第一需要

小白到"学霸"的进化之路 -229-
怎样"玩"转诗词? -237-
孩子不愿意写作业怎么办? -242-
孩子喜欢乱涂乱画怎么办? -246-
孩子上课不认真听讲怎么办? -255-
孩子过分在意老师的评价怎么办? -261-

第七章 "好妈妈"不仅是一个人的妈妈

有了弟弟,妈妈是不是不爱我了? -267-
如何处理大宝和二宝之间的争执 -273-

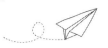

孩子怎么了,父母怎么办

真实的小故事

儿子在一年级的时候,经常忘东西,比如忘记带语文课本,忘记系红领巾,忘记写作业,等等。最开始我以为这些都是小事情,就帮他送过去。后来我发现,事情没有那么简单。

表面上他也着急,也后悔,可是下次还犯,而且一周就会犯两三次,说明他根本没把事情放到心上。

因为每次犯错都由我"擦屁股",他只要说一声就行了,导致后来情况更为恶劣,我送晚了、送慢了,他还生气,好像我做错了似的,这问题就大了。

本来是帮他,最后反而成了我的责任,说明他把问题推到了父母身上。有时候他还怪我:为什么不提醒我做作业呢?

这就是父母乱帮忙的后果,后来我索性不管了。忘带课本,他自己想办法;忘做作业,他做自我批评;忘记系红领巾,就被学校扣分。

当他发现没有依靠后,立刻就不一样了:每次睡觉前都把东西整理好,反复检查书包。还是自己对自己负责最靠谱!

家长的困惑

我在和众多父母接触的过程中发现,育儿是个技术活。很多人第一次做父母,完全是凭本能行事,做了很多无用功,甚至帮了倒忙,就像前文所讲的故事一样。

家长在育儿方面存在的主要问题如下。

1. 不该管的,胡乱插手

孩子在探索世界的过程中,有很多奇思妙想,进行过各种尝试。家长却总想教给孩子"正确的知识",最后不仅打乱了孩子的思路,还让孩子变得畏首畏尾,没有自信。

我们要记住,面对崭新的世界,孩子有犯错的权利。正是通过不断的尝试,孩子才能和世界建立连接,养成独立思考、独立解决问题的能力。

2. 带有情绪,沟通能力差

不能平等地对待孩子,总是采用居高临下、压制的态度教育孩子,导致孩子逆反心理严重。孩子上小学前,家长还能凭父母权威强行要求孩子听自己的,等孩子大了以后,就会非常麻烦。

比如说,明明能正常沟通,非要用反问句:"你为什么要出去玩呢?""这么简单你都做不好?"久而久之,孩子就不和家长亲近了,甚至孩子也学会了这种沟通方式,这会影响孩子日后的人际关系。

3. 快乐教育,后悔不及

前几年快乐教育盛行,很多家长认可了这种方式,采取了完全放任的态度,没有给孩子打好学习基础,等孩子上了小学以后才发现孩子跟不上学校进度,于是火急火燎地给孩子报各种培训班。

培训班报得太多,导致孩子从"营养不良"到"营养过剩",孩子和家长都很疲惫。其实家长应该从小就激发孩子的学习兴趣，这其中有很多细节要注意。本书就这些问题给出了阐述。

4. 过度学习，影响身心

有的家长太看重分数，孩子考了99分还不满意，整天绷着神经，导致孩子压力巨大。久而久之，孩子很可能出现心理问题。

以上这些都是我和家长聊天时了解到的问题。可以说家家有本难念的经，家长都很焦虑，心里有100个"怎么办"。那么，父母到底应该怎么办呢？

本书能帮你什么？

正是基于这种情况，我们组织了30多位优秀作者，结合自己的亲身经历，讲解靠谱的育儿方法。在整个写作和整理过程中，我们付出了巨大努力，使这本书亮点多多。

① 故事真实　全书呈现的都是真实故事，使读者有代入感。这些故事都是作者精挑细选的，每一篇虽然只有3000字左右，但是都用了至少3个月的时间打磨，中间推翻、重构了很多次，留下来的都是精华。

② 阵容强大　这30多位作者都是各行各业的精英，如注册营养师、上海交通大学学霸、心理咨询师、上市公司人力资源总监等，可以给读者提供比较全面的建议，全方位提升读者的育儿水平。

③ 解决问题　围绕"怎么办"来讲解，通过典型场景提出问题，并着重给出解决方法，让家长可以"拿来就用"。

④ 持续服务　书中的大部分作者都有公开的微博账号，读者可以在阅读本书后，在微博上与作者交流育儿心得，收获不同的经验，形成良好的互动循环。

适合阅读本书的读者

- ⊘ 0~12岁孩子的父母；
- ⊘ 焦虑的职场妈妈；
- ⊘ 希望纠正孩子不良习惯的父母；
- ⊘ 多孩家庭的父母；
- ⊘ 儿童心理研究者；
- ⊘ 有志于从事教育行业的工作者。

阅读本书的建议

⚠ 新手父母和小月龄孩子的父母，建议从第一章顺次阅读并思考自己的教育方式。

⚠ 经历过孩子幼小衔接等特殊阶段的父母，可以根据实际情况，有重点地阅读对应章节。

⚠ 针对孩子的不同问题，可以选择对应的章节寻找并借鉴经验。

⚠ 不同的孩子有不同的情况，父母需了解孩子的需求，结合孩子的实际情况选择合适的沟通方法和教育方式。

未来教育工作室

第一章 妈妈的好心态决定孩子的好状态

育儿必先育己,这句话父母们都不陌生。如果说孩子是一棵需要精心呵护的小树苗,那么妈妈表现出的乐观、好学、豁达、快乐等优良品质就是孩子成长的阳光雨露。在耐心与共情的力量下,孩子会受到全方位的爱与自由的滋养。来,与孩子共同成长吧!

女儿把我当闺蜜

什么是闺蜜？闺蜜就是无论何时何地，只要你需要，她都愿意陪伴你，闺蜜是知道你所有的缺点也不嫌弃你的人；闺蜜也可能会是世界上的另一个你……

可是这个世界上有没有最好的闺蜜，她能倾听你的一切，包容你的一切，给予你人生指导，也给予你最温柔的依靠？

以前我认为没有，直到女儿说："妈妈，你是我最好的朋友。"

我很开心，女儿把我当闺蜜。

一、你做好妈妈，孩子就能做好自己

生女儿那年我 34 周岁，经历了 24 小时顺转剖的过程。剧痛的折磨让我对女儿格外珍惜，爱更加浓厚。当时我心里就想，以后她的一切我都接纳、包容，并且理解、信任她。

当女儿离开我身体的那一刻，我盯着护士双手托着的这个肉肉的小人儿，看着她被放进婴儿车，想到我孕育的小人儿已来到这个新世界，之前对于妈妈这个角色的种种焦虑和不安一下子就消失了。在看到她的那一刻，我的心安定了下来，那一刻是踏实，是幸福。这是我的女儿，我的宝贝。

之后我与她相处的重要方法就是有耐心，永远有耐心。我想，只有抱着这种心态，才有可能接纳、包容、理解孩子。

女儿两三个月的时候，月嫂离开了，爱人很忙，时常加班，所以平日都是我自己带孩子。后来听爱人说，他到家门口的时候，经常听见屋里有人在聊天，一问一答的，聊得很起劲。我听后哈哈大笑，那是我和两个月的女儿在"对话"。

从她很小的时候开始,只要她的眼睛看着我,我就能感受到她想和我交流,她期待听到我的声音,看到我的笑。每当这时候我就会俯下身子,用最温柔的声音说着我和她都喜欢听的话。那个时刻我没有因为孩子与我身体的分离而觉得我和她的距离变远了,反而因为我俩亲密的交流,我和女儿的感情日渐加深了。

尽管每一次都是这种朴素、平常的场景,但于我而言,都是触及内心的感动,她那么小,却是最懂我的人。

如今女儿已经是一名小学生,每天接她放学时,老远看到我,她就大笑着向我跑来。每当这时,我都会抱起她兴奋地转个大圈圈,周围的妈妈都惊讶于我的力气大,而女儿的同学们都会投来羡慕的眼神。那一刻,女儿可神气了,嘴上什么也没说,心里肯定美滋滋地在想:耶,我妈妈真好!

其实妈妈心里也在想:有我女儿真好。

二、要做最好的妈妈,首先要做最好的自己

很赞同一句话:妈妈给孩子的不仅是照顾,还可以是榜样。

作为一名全职妈妈,远离职场,并不意味着可以放松对自我的管理,自律与自我成长也是必不可少的。处理家务,指导孩子学习,学习投资,照料一家人的饮食起居的同时，全职妈妈更时刻不能放弃对自己的约束。

疫情期间不能外出，打乱了我的运动计划，但每天我都在家里坚持锻炼，严格控制饮食。这段时间，我不仅没有因为宅在家里而长胖，反而因为更用心的自我管理瘦了十斤。现在脱去冬装，穿得美美的去见朋友，心里无比开心。

严格控制饮食，坚持有规律的运动，跑步拉伸，于自己而言，是自律；对女儿而言，也是潜移默化的影响。

在此期间，女儿爱上了骑单车，小区里的一方小天地，成了女儿的游乐场和单车训练营，每一次摔倒，她都说不疼，一点都不疼。

有一天骑完车回来，她自豪地和我说："妈妈，我付出了努力，就能学会骑自行车，还有我写作业、背诗都很认真，你都要把这些记下来哦。"

做家长的，每一次对自我的肯定都在引导孩子对自我肯定，当你希望自己的孩子成为最好的孩子时，首先想一想，自己有没有成为最好的自己。父母是孩子最好的老师，也是最好的朋友。

三、和女儿谈"性"，妈妈是不二人选

有一次我俩一起洗澡，女儿突然说了句："妈妈，我以后生孩子要自己生，不要动手术。"我挺诧异，她怎么会知道生孩子可以自己生或是动手术生呢？我脑袋里快速搜索此前何时与何人聊过生孩子这类话题，很快想起，有一次和妹妹一家人聚在一起闲聊的时候，提及我有没有要二胎的打算，我就说我是剖宫产，不像妹妹是顺产，可以隔年就要个二宝。

还有一次，女儿当时大概5岁，和小姨家6岁的姐姐玩芭比公主过家家游戏。她俩在那儿你一句我一句的："你男朋友干吗去了，怎么还没来接你呀？""这个男朋友不好，都不给我买吃的……"吧啦吧啦一堆话，

听得出那个游戏主题肯定是男朋友系列。

等姐姐走后,我问女儿:"灵兮,你男朋友多大呀?是做什么的呀?男朋友帅不帅,赶紧和妈妈说说。"

女儿听到"男朋友"就不好意思地一直笑,我说:"我俩谈一下嘛,妈妈真的好奇我的宝贝女儿以后的男朋友长什么样,是做什么工作的。他会不会像爸爸对妈妈那样,爱护、照顾我家灵兮呀?我们灵兮和男朋友结婚后,会生一个和你一样漂亮可爱的宝宝吗?哎呀,妈妈真好奇呀。"

听我说完这些,女儿睁大了眼睛,靠过来把脸对着我问:"妈妈,我还没想好男朋友长什么样呢。要像爸爸那样爱护我,还要和我结婚生宝宝,那我就要长得像妈妈这样大才可以,是吗?"

"是的,宝宝现在要认真读书,长大以后通过你的努力考一所你喜欢的大学,毕业后选择一份你喜爱的工作,你会特别了解自己,清楚自己喜欢什么、不喜欢什么,到那时候,你就知道男朋友长什么样子了,就可以按照你心里的样子去找,这样是不是特别容易呀?"

女儿似懂非懂地点着头。

不要害怕和孩子讨论这些话题,这些都是他们未来的人生将要经历的。聊一聊这些小心事,作为他们的好朋友,早一点知道他们的小想法,是不是也很棒?

四、给女孩子的人生规划

我对女儿的培养和我对自己人生的规划基本相同。女性一定要以自爱为人生的主要支柱,以亲情、爱情、事业、学业、兴趣爱好为五个辅助支柱,构建平衡的人生。

有些观点,如"读书无用论""只要拥有颜值(哪怕是整容得来的)

就可以嫁得好，拥有幸福的婚姻"等，往往以偏概全，并不符合大多数人的现实情况。如果没有妈妈的引导，怎么能指望年幼的孩子有足够的分辨力？

拥有自尊、自信与自爱，才能建立一个健全、健康的精神世界。

就像纪伯伦说的那样："你们的孩子，都不是你们的孩子，乃是'生命'为自己所渴望的儿女。他们是借你们而来，却不是从你们而来，他们虽和你们同在，却不属于你们。你们可以给他们以爱，却不可给他们以思想，因为他们有自己的思想……"

陈 静
@Joy 知礼

6年育儿经验。做过银行职员，追过创业浪潮。女儿降临，调整姿态，于工作与生活的平衡中迅速成长为"孩子的教育是头等大事"的完美践行者。

新手妈妈如何不焦虑

焦虑，或许是伴随不甘平凡的普通女孩一生的话题。

从小会被拿着和邻居家既聪明又漂亮的大姐姐比较；进入青春期后开始懂得，女孩子们看起来差不多的衣服、裤子、裙子，其实是有品牌之分的；上高中时会懊恼自己花了几倍的时间读书，成绩却比不过放了学就跑去打篮球的男生；读了大学会知道，有的同学毕业后完全不需要考虑工作、户口和首付……

以上都可能是一个普通女孩子在学生时期所要面对的烦恼，我也是这众多女孩中的一个。

一、新手妈妈要学会兼顾自己的"事业"

我在研三第一学期开学前，得知自己意外怀孕，那一刹那，焦虑有如潮水，翻滚着浪花朝我奔涌而来。因为预产期就在我需要提交硕士毕业论文的那个月，这意味着我很有可能没办法毕业。

硕士顺利毕业且同年就职原本就不是件容易的事情，如今命运又给我多设置了一道关卡。我的学姐中也有因为怀孕生子延期毕业一年的先例，但我不想那么做，因为我没有等一年的资本。无论是为了自己还是为了家庭，我都需要顺利毕业，得到工作。所以没有纠结很久我就决定，尽量毕业和生娃两手一起抓，还有不到一年的时间，我想我应该可以做好。

于是我一边写毕业论文，一边定期产检。

我前期的妊娠反应挺严重，一闻到食物的味道就恶心，每次进食的动力都是为了让肚子里的宝宝有足够的营养。两个月的时间我就瘦了很多，这让我感到担忧，怕宝宝营养不够。所幸每次检查宝宝的发育都是良好的，这也给了我不少信心。就这样，平稳地度过了几个月时间，我到了孕晚期。

在一次寻常的定期产检中,医生问了我目前的工作状态,当她得知我正在撰写好几万字的硕士论文时,立刻叫我停止进度。医生非常严肃地告诉我,我这么做会影响宝宝的脑部发育,因为用脑过度的我会抢母体供给胎儿的营养。

这个消息让我陷入了比之前更深的焦虑状态。辛苦耕耘了几个月,挨过了身体内外的种种不适,论文的写作好不容易到了后期,眼看就要大功告成,却要我此刻收手,我实在心有不甘。原本我一直认为,每天读书码字也是对宝宝的一种胎教。

但要我停止论文的写作,要我中断原本的职业规划,这是我绝对不能接受的。经过一番激烈的思想斗争后,我做了一个自私的决定,我要继续把论文写完。我一边焦虑,一边安慰自己,心存侥幸地想,这么倒霉的事应该不会发生在我身上。如果非常不幸孩子的大脑发育受到了影响，那老天也许会赋予宝宝特别的才能，上帝关上一扇门，总会留出一扇窗的。论文盲审的结果没有辜负我的孤注一掷，我开始担心宝宝，这才开始有点后怕。

令人欣慰的是，宝宝出生后各方面的指标都很正常。和许多父母一样，我也会对孩子的未来寄予厚望，希望宝宝聪明伶俐、有才华，能青出于蓝而胜于蓝。

二、做好分内的事情，平衡自己的心态

原本我以为，坐月子期间有爸妈、公婆的照顾，加上请了月嫂，我可以高枕无忧，然而，一次很小的意外改变了我当初安逸的心态。那次短暂的恐慌过后，我的育儿态度也发生了很大转变。

月子里一个普通的晚上，和往常一样，给宝宝喂完奶之后，我就把宝宝交给其他人。月嫂恰好在楼下厨房做饭，于是妈妈从我手中接过了宝宝，我哪里知道这个行为开启了接下来惊心动魄的一晚上。

我妈抱了宝宝几分钟后，宝宝忽然开始剧烈地呛奶，母乳从宝宝的鼻子和嘴巴里喷涌而出，我和我妈都吓坏了。我赶紧大声呼叫月嫂，向她求救，其实只是剧烈一点的呛奶，但月嫂进房间后看到我妈和我惊慌失措的样子也陷入了紧张。我们赶紧为宝宝拍背、擦拭口鼻。呛完奶的宝宝很安静，不哭也不闹，只是眼睛怔怔地看着我们，似乎并没有什么大事，但是小脸蛋却因为之前短暂的呼吸困难而有点发紫。月嫂说宝宝的心跳似乎很弱，吓得我们当即赶往医院。

去医院的路上，自责、担心、恐惧和懊悔包围了我，从家到医院的这段路仿佛格外漫长，抱着怀里的宝宝，我恨不得一秒钟飞到医院。所幸的是，一番检查过后，医生说宝宝除了脸憋得有点紫之外并无大碍，说完便把宝宝倒过来提着弹了几下脚心，宝宝慢慢回过神，哭了出来。我和我妈悬着的心随着宝宝越来越响的哭声慢慢放了下来。

　　临走的时候医生数落了我们一顿，说我和我妈都缺乏育儿常识，这么寻常的呛奶状况都不能自己解决好，实在是不称职。心有余悸的我听完非常自责。其实我妈生了我之后并没有亲自带我，所以很多带宝宝的常识她不知道。而我却认为，长辈们必然是经验丰富的。

　　回家的路上，我和我妈沟通后，便开始认真地反思自己。宝宝是我生的，作为母亲，我应该是最用心地对待她，最认真学习育儿知识的那个人，而不应该依赖我的妈妈或者是月嫂，她们只能是我的辅助力量。

　　之前和老天的对赌还没出结果，在新生儿检查的时候，医生怀疑宝宝有自闭倾向，这让我方寸大乱，陷入深深的自责。当初为了完成论文，信誓旦旦地说"即使是唐氏儿我也要"的傻大妞不见了，我意识到了过去的自己是多么不负责任。

　　于是我积极遵循医嘱，经常带她出去玩，让她多接触其他小朋友，直至宝宝自闭的倾向逐渐改善并趋于正常。经历了这些教训，我开始对带宝宝这件事全心全意、亲力亲为。即使把宝宝交到月嫂手里，我也从来不会让她离开我的视线范围，一边在家办公，一边顺带着照顾宝宝。

　　工作累了我就和她说话聊天，带她认字、看绘本，抱着她在家转悠，也会指给她看家里墙上的字画。我并不在意她能不能看懂，也没有什么目的性，就是乐此不疲地对她进行稍微带点知识性的信息输出。终于，我坚持的这些早教行为，在她十几个月的时候收到了让人惊喜的正面回馈。

　　首先是和同龄的宝宝相比，她的情绪相对稳定许多，很少因为一点不顺心就大哭大闹。她也越来越能听懂我说的"宝宝你的零食给妈妈吃一点好吗""宝宝你觉得这个东西好吃吗"这样的问题，并且用肢体语言给我回应；她还会有意识地跟着大人学一些金鸡独立或者大鹏展翅这样较有难度的、原本只是为了逗她玩的动作。

不仅是亲戚朋友的肯定和夸赞让我充满了自豪感,宝宝过人的学习能力也确实让我喜出望外。有一次老公买了一个新的插座放在了茶几上,宝宝对插座的出现感到好奇,想伸手摸一摸,老公坐在沙发上故意一言不发地看着她。

宝宝看到爸爸的表情后,慢慢地收回了小手,却忍不住一直好奇地盯着插座,那好奇的眼神和乖巧的表情让我忍俊不禁。没想到才十几个月的小人儿,居然会有这么丰富的思想意识。她的种种表现让我非常欣慰、感激,感谢老天爷眷顾当初那个自私的我。

然而提心吊胆总是贯穿了养育孩子的全部阶段。前段时间我又遇到了一个小难题,但这次我似乎交出了让自己满意的答卷,我发现自己从以前

那个只会依赖长辈的小女孩，正在慢慢转型，成为一个合格的母亲。

疫情期间的某个晚上，我感觉宝宝发烧了，但是家用的温度计失灵了，怎么测都是正常体温。和她朝夕相处这么久，她的一点点异常我都能立马感觉到，于是我决定对她实施物理降温，但是老公却因此和我大吵了一架。他觉得我过于敏感，有点不可理喻，明明不发烧硬要说发烧。他不允许我用冷毛巾给宝宝敷额头，生气地斥责我："孩子没病也会被你折腾出病的。"

但我一直在认真学习育儿知识，我觉得这是幼儿急疹的症状，于是一向赞同老公意见的我，这次一反常态地跟他据理力争。正当我俩争执不下的时候，婆婆及时出现，认可了我的看法。她说："冬天用冷毛巾敷宝宝的额头，而她毫不反抗，也不讲话，还浑身发热，的确像是发烧了。不然的话这么折腾她，她肯定会发脾气的，这会儿应该是烧得没力气哭了。"

婆婆的赞同让我感受到莫大的认可，但同时新的问题又来了。医院满是病患，又恰逢疫情期间，让人很没有安全感，我们一家人都觉得能不去医院就尽量不去。

可孩子体温丝毫不降，我也越来越不安，当时不去医院检查连个退烧药都买不到，于是凌晨一点多我和老公两个人带着宝宝去了医院挂急诊，配了退烧药，隔天下午又遵照要求去做了核酸检测。

吃了两天药的宝宝如愿退烧，不出我所料，她出了一身的红疹，老公也对我表达了歉意和认可。其实这次宝宝生病，我虽然依然很担心，但是内心一点也不慌乱，我终于不是那个宝宝一出事就只会大喊月嫂阿姨的"菜鸟"妈妈了。

育儿的道路艰难而漫长，焦虑也许还会时不时地跑出来找我。我没法保证自己永远不焦虑，但至少我了解了消化和正面迎战它的方法。育儿是自己分内的事情，我绝不能推诿给别人去做。

可以和家人密切配合，但是作为母亲，留意宝宝的一呼一吸、一举一动是我责无旁贷的事情。对宝宝少一点过于长远的期待，对自己多一些立足当下的要求，多看育儿类书籍，多和宝妈交流，多留意育儿嫂的实际操作。多参与才会有经验，有经验才会有足够强大的心理来对抗种种焦虑。

郭学成
@重简雅集

毕业于南京师范大学艺术设计系，硕士学历，目前是一名小学美术教师。精通美术教育学和儿童心理学，能够站在儿童的角度考虑问题，擅长在和儿童的沟通中以绘画和谈话的方式自然而然地达到美育和德育的目的，在专业领域内曾多次获奖。

妈妈的时间管理：家庭与职场如何平衡？

作为一位工作 11 年，孩子 8 岁的妈妈，我的大部分职业时间是和孩子的成长一起前行的。我的价值观是，第一，女人一定要有一份能养活自己的工作；第二，孩子的童年是无比珍贵且不可弥补的，妈妈不能缺席。这两者缺一不可，两手都要抓，两手都要硬。

一、列出时间清单，拒绝手忙脚乱

在孩子 3 岁之前，我对时间管理是没概念的，因为我想做的事情都能完成。那时家里有一位亲戚帮忙带娃、做家务，而我工作不忙，8 个小时内可以完成，除去路上 1 个小时的通勤时间，其他时间都在全心全意陪伴孩子，学习如何养孩子，读了大量的育儿书籍。此刻回顾，我确认这些对我来说都是最重要的事情。

3 岁以后，亲戚回了老家，孩子上了幼儿园，我每天的作息是这样的：

7:00 起床，叫孩子起床，准备早餐；

7:30 出发，送孩子去幼儿园；

8:00 — 8:30 到公司上班；

8:30 — 12:00 日常工作，采购；

12:00 — 13:00 午餐时间；

13:00 — 17:00 日常工作；

17:30 接娃放学；

17:30 — 18:30 晚餐时间；

18:30 — 19:30 亲子户外陪伴；

19:30 — 20:00 睡前亲子共读；

20:30 — 23:00 整理洗刷，加班工作、阅读；

23:30入睡，偶尔追剧熬夜。

因为每天要按时去接孩子放学，所以我需要在上班时间完成工作，以便准点下班，这时我就需要好好管理职场时间。

工作上的任务，能在公司完成的，我坚决不带回家处理。若这个任务做起来比较有难度，需要和同事配合，我就让大家知道我的节奏，并高效完成自己的工作，不给同事添麻烦。于是我做了如下安排。

（1）每周写周计划时，和团队沟通好重点工作内容，并设定完成时限。

（2）每天到公司先列出待办清单，按事情的轻重缓急分类解决问题。跟领导汇报，重要的事情要优先安排。

（3）当天工作中新增的任务，如微信、邮件、会议、电话等接收到的任务，也要列入待办清单，以免遗漏。

（4）微信、邮件等对专注工作有干扰的信息，可以集中在某一个时间段处理查看。

（5）在完成重要工作的时候，把手机扔在一边，集中精力做手里的事情。实在不能专注的话，可以使用番茄钟App提醒自己，25分钟为一个专注周期。

等孩子上了小学，我一天的时间更满了，每个工作日的早上和晚上，时间都非常紧张，伴随着无数的催促。

孩子早上7点起床，然后开始穿衣服、洗脸、刷牙、检查书包、喝水。7:30出发赶校车，不能迟到，不能落东西，不然还需要我专门去学校送。

孩子在幼儿园的时候，白天会有固定的户外时间，下班后家庭陪伴时间可长可短；而上了小学，除了体育课，其他时间基本都待在教室，所以需要安排户外时间；作业是必须要完成的，而孩子要在21:30前入睡，晚上的时间就变得很紧张。每个任务都不可取消，也都有时间限制，因此时间管理成了刚需。例如，我晚上的时间是这样安排的：

17:00 — 18:00 户外时间；

18:00 — 18:30 晚餐；

18:30 — 20:00 完成语文、数学、英语作业；

20:00 — 20:30 收拾书包，签字确认学校的通知和作业；

21:30 入睡。

听、读、计算这些在家长看来很简单的作业，孩子能磨蹭两个小时。为了能按时入睡，重要的阅读时间也会被压缩。如果放学后还有轮滑、钢琴课外班，时间就更为紧张。陪伴孩子也需要孩子的配合，家长要帮孩子养成良好的学习习惯及时间观念，可以进行如下安排。

（1）将孩子早晚要完成的事情做成图片清单，每次由孩子自己打钩；

（2）给孩子一个小时的自由时间，孩子可以玩玩具、发呆、做家务；

（3）陪伴孩子的时候不玩手机，专注陪伴孩子，这样孩子会更有安全感，与你会更亲密；

（4）做孩子学习的帮手，帮助孩子完成作业，而不是做监督者；

（5）记录孩子的作业时间，孩子有进步要及时鼓励。

二、合理安排碎片时间，拒绝情绪内耗

苹果手机升级了屏幕使用时间统计后，每次看我都很惊讶，除去工作

需要的 2~3 个小时，刷朋友圈、微博、知乎、抖音、淘宝、直播，无意识浪费的时间有 1~3 个小时。在微信群聊天，我发起了碎片时间怎么用的话题。

A 朋友说，把朋友圈关掉，改成微信读书；

B 朋友说，前一天晚上列好购物清单，第二天早上通勤路上购买，下班前可能就送到家了；

C 朋友说，每周列出输入清单，下载好樊登读书、喜马拉雅的听读节目，用一早一晚的通勤时间听，累积下来，一周可以听完 3 本书、5 个音频节目；

D 朋友说，这个时间用来跟父母或者朋友联络，培养自己与家人、朋友的感情；

E 朋友说，电视剧和电影都是利用碎片时间看完的，提前下载好，不费神，可轻易追完；

F 朋友说，看学校班级群信息，重要事情设置微信提醒，统一回复兴趣爱好、社交类的群信息。

我这才意识到，碎片时间的打开方式有这么多种。聊天的最后朋友说，碎片时间好利用，而时间最大的杀手是情绪内耗。

职场妈妈，既想照顾好家庭，当一名合格的母亲，又希望在职场上纵横驰骋，取得成功。看到全职妈妈花式陪娃和职场女性升职加薪，职场妈妈就会否定自己，觉得自己不够优秀；孩子作业漏做、少做、不做，被老师微信提醒时，吼了孩子后，又开始指责自己不是好妈妈；身材走样，因为多吃少动生自己闷气。工作是接受挑战还是放弃？新衣服要不要买？课程要不要报？都很纠结。

还有对自由时间无限的向往，追剧、看书、聊八卦、做面膜、吃夜宵、做运动、发呆，都是妈妈们渴望享受的自由时光。孩子睡着的时候，世界安静了，这才是妈妈自己的时间，妈妈们熬的不是夜，是自由。

妈妈们不是女战士，需要自由时间、情绪支持和得力帮手。

早起是最容易拥有自由、独处的时间的，不管是做瑜伽、阅读还是跑步，都能让自己充满能量，让自己元气满满地开启新一天。

我们需要一群知心好友，大家彼此欣赏，互相鼓励，帮助我们看到自己身上闪闪发亮的优点。这些优点可以鼓励自己勇敢地奔向充满挑战的工作，穿越一地鸡毛的生活。妈妈们需要定期聚会，逛街、吐槽、看电影、做美容，滋养自己，让自己成为自己的能量加油站。

照顾孩子，爸爸是我们必须要依赖的好帮手。接受爸爸带孩子和自己带孩子的不一样，信任爸爸带孩子的能力，放手让他们去建立亲子感情。允许自己请小时工，毕竟这些金钱的支出，比起自己干活积攒一肚子怨言而导致情绪抑郁要好得多。

每到长假前半个月，同事、朋友微信群的聊天，都会围绕同一话题展开——假期去哪里玩？我一般都支支吾吾地答，还没想好。等想好了，旅行又因机票和酒店太贵、假不好请、来不及办理签证等原因作罢。于是只能宅在家，在周边公园晃晃，过一个平淡无奇的假期。若干年后，自己都想不起来假期是如何度过的。

朋友圈有一个 A 妈妈，春节过后，孩子一开学她就拿到了学校的课程安排计划，放假时间早早地写在了自己的时间表上，她熟知每个航空公司的机票打折时间，办了好几个国家的十年签证，一到公共假期，就出现在世界各地享受诗和远方。

如果你也像我一样，很羡慕这样的妈妈，你就需要提前做计划。

时间管理的本质就是管理生命。不是用事情填满时间，而是把时间花在重要的事情上。重要的事情有哪些呢？人生九宫格可以帮你清楚地分类。

学习成长	体验突破	休闲娱乐
家庭生活	人生九宫格	工作事业
人际社群	财务理财	身体健康

人是社交动物，家庭和事业平衡了，生活才能平衡。家长在做年度计划时，需要把学习成长、体验突破、休闲娱乐等内容列入其中。

有了年度计划，去哪玩都能提前做好准备，顺利成行。

固定每周日程，心中方才不乱。比如，给自己安排一周一两次健身，一次亲密关系约会，安排好娃哪天上课外班，固定工作日和周末陪娃的节奏。

有了计划，是否就会按计划进行呢？未必。你需要记录下每天的时间花在了哪里，每周回顾调整，把时间和精力花在重要的事情上。

生命如同四季，春天播种，秋天收获。如果在孩子小的时候，妈妈把精力更多地放在了陪伴孩子上，那么孩子因此而获得的安全感和幸福感将是他/她一生的宝贵财富；如果妈妈一直在耕耘事业，那么妈妈努力的身影就会成为孩子最好的榜样，成就满满的自我就是果实。愿我们都能通过时间管理确定生命的意义，让生活和工作丰盈充实且收获满满。

谭文平
@文平爱生活

毕业于中华女子学院，拥有8年育儿经验，从事企业运营工作7年、公募基金工作3年。连续3年组织线上线下读书会，累计举办20多场，总计为300人提供了相互联结的机会。亲子阅读+成长记录7年，正面管教践行者。曾自制博物馆探索地图，带领多个家庭在博物馆寻宝求知。

耐心是家长爱孩子的第一表现形式

很多爸爸妈妈在教育孩子时会急功近利，有的甚至会使用暴力手段。这些行为虽然可以从表面上解决许多小问题，却会给孩子的成长留下隐患，给孩子造成不可弥补的伤害。

一、耐心引导比急功近利更有效果

几年前我在一家头部在线少儿英语教育机构工作时，总会把在线课程的录播视频作为电脑的背景放着，一方面可以看看哪些外教的课程活跃度比较高，另一方面也可以了解孩子们上课时是否有足够的专注度。

有一天，我从视频里看到同事的女儿 Wendy 上课时有十几分钟并没有像往常一样看外教。要知道，这名外教是同事跟他女儿几经辗转一起挑的。之前 Wendy 上课的配合度非常高，外教 Joseph 也经常会准备额外的教具来吸引孩子的注意力。

由于当时还在做别的工作，我只是觉得奇怪，也没太在意。过了几天，正好跟同事一起吃午餐，我就提了一下这件事情。同事的脸一下就阴了下来，我也被吓到了，马上说道："你女儿上课表现一贯很好，跟 Joseph 相处得也好，我只是好奇她那天上课时在看什么，你可千万别兴师问罪。毕竟还有学习习惯没有培养成型的可能，孩子才一年级嘛。"

同事平复了一下情绪，说："行，我今儿回家先问问。"当天晚上同事就跟我说："Wendy 说她当时就想找 Joseph 讲的一个词，因此就在一边的书里找了一下。还好没有直接质问孩子，否则肯定会吓到她。"

我说："996 的爸妈最缺的就是时间，可越是缺少时间，越需要有足够的耐心对待孩子，这样才能提高陪伴质量。最怕的是预设孩子的动机，考问孩子，这样对亲子关系的伤害才是致命的。"

几个月后的一次午餐时间，同事说，自从她沉下心来跟 Wendy 交流之后发现，其实孩子特别愿意学习，只是靠自己的力量找不到方法。如果对孩子呼来喝去，反而会让她处在一个惊慌失措的状态里，在找学习方法的同时还要平复情绪，这实际上是给孩子的学习设置障碍。倒不如心平气和地跟她聊问题、找原因、找方法。家长自己变得足够有耐心了，孩子的进步就会很明显。

后来我又在一家社区少儿英语学校帮了一段时间忙，在那段时间里，我接触到一个叫 Eddie 的 5 岁男孩，他精力无比旺盛，每次上课都像要把楼板蹦塌，每次跟读都能让楼下等候的家长听到。

很多老师都认为，对这样的孩子就应该管束，要让他有纪律感，我却不这样认为。因为 Eddie 并没有不按照老师的口令进行，只是由于孩子本身精力旺盛，导致动作幅度比较大而已。

我一直跟他妈妈说，我很看好 Eddie，在很大程度上是因为他旺盛的精力。不论是 Steve Jobs（史蒂夫·乔布斯）、Elon Musk（埃隆·马斯克）这种全球知名的创业者，还是我接触过的学科带头人、创业公司创始人，往往都是可以两点睡、四点起，无时无刻不精力充沛的。

对 Eddie 这样的孩子其实更需要耐心，需要顺其自然，刻意的管束会使他的精力得不到释放，反而影响孩子身心健康发育。于是我安排 Eddie 跟比较害羞的同学拼班上课，不但不用刻意管束 Eddie 的纪律，还可以通过 Eddie 来带动课堂气氛，原本害羞不开口的孩子也被他带动得愿意开口了。

Eddie 的爸爸还会把老师教的核心内容做成漂亮的文件夹，每天固定半个小时帮 Eddie 复习，引导孩子把精力消耗到学习中去，与此同时，还培养了 Eddie 每天复习的好习惯。Eddie 的妈妈更是细心地找到了 Eddie 的兴趣点：围棋。当 Eddie 把自己全部的注意力集中到计算棋子步数的时候，学习效率也倍增。

二、耐心等待，孩子有更多人生选择

每次说到"耐心"和"顺其自然"的时候，我还会想起另一位二宝妈妈。我和家长约好直播课后，有时候会用视频聊一下这段时间孩子的学习情况。有一次和这位二宝妈妈聊大宝时，二宝在远处边拍打、摔落手里的玩具，边走入镜头。

我跟她妈妈当然被打扰到，她妈妈回头看了二宝一眼，也没在意，于是我们继续聊大宝的学习情况和改进方法。同时我也看清了二宝手里的玩具，是个带电池的警车，她拍打、摔落警车是想拆出电池，重新安装，前前后后一共6次，差不多十来分钟，警灯终于亮了。

和他妈妈聊完了大宝的事情后，我笑道："妹妹看来学会怎么正确组装电池了。"妈妈笑笑说："平时也都是这样的，我只要确认没危险，就随他们自己去摆弄玩具。"我也笑了，说："这是无为而治。"

无为而治考验的是家长的耐心。很多孩子爬着爬着就会走了，听着听着就会说了，可惜更多的家长看到别人家的孩子会了，自家孩子不会时，立马会耐不住性子。但这个哥哥，在五六岁的时候就可以独立用乐高积木拼搭出自己想要的模型。

也有很多家长会参照说明书和孩子一起拼乐高，然后发个朋友圈。从结果上来看，确实是都拼出了模型，可能哥哥自己拼的模型远不如别的妈妈朋友圈发的完美，但是，从创造力和动手能力的培养来说，他才是真正用足了乐高的价值。正是由于家长的耐心等待，而不是事必躬亲，才有了孩子施展创造力和动手能力的空间。

我之前带过一个叫 Teresa 的女生，她爸爸告诉我，有一天晚上，Teresa 突然蹦起来跟他说："我要去找 Melkor 叔叔玩。"我笑得眼睛都睁不开了，而她爸爸则惊诧于我是怎么做到在一个月不到的时间里就能跟他女儿那么熟悉的。其实说起来一点儿也不难，无非就是有求必应，把住安全底线，顺其自然，把自己放在被动的位置上耐心等待。

有一次 Teresa 跟我说，她跟爸爸去台湾玩的时候看到了大海。我慢慢蹲下来问，那你有到海里去吗？她说没有，感觉有点害怕。我说，也是，大海很美，可有时候也挺危险的。她点了点头就跑开了。

后来又有一次，Teresa 做了个塑封的卡片送给我当礼物（见文末），听到我说"谢谢"之后，她就跑开了。我也没追着去问为什么要送我卡片，卡片上的图案是什么意思，以后我也不会主动问这个。

我有时候也会想，"耐心"到底会给家长带来什么，对孩子又意味着什么。记得自己小时候，恰逢钢琴热，我妈妈就想给我买钢琴，问我要不要，我说："不要，因为买了就要练。"因此我妈就没买。直到我考入一个以交响乐团为特色的高中，身边的同学有一半是钢琴九级以上，我才有一点点后悔，却更加感激我妈妈，哪怕她的想法是正确的，她也没有强迫我去执行。

深入想一想也确实是,学龄前的孩子,纵使没有执行一个正确的指令,也不会误入歧途,毕竟条条大路通罗马,耐心等待花开会更好。

墨克
微博认证
问答答主
@汇交点

毕业于上海交通大学,工作10余年,长期从事教育事业,先后在少儿英语公司、出国留学考试培训公司从事运营管理工作。擅长引导学生完成学习任务,培养学生的学习习惯,帮助家长了解学生的内心世界。

共情的力量，我与孩子沟通的秘密武器

前几天遇到阿文的妈妈，她和我说起了她的烦心事："你说怎么办啊，现在上网课，我儿子每天都不听课，拿着手机天天玩游戏。一说他他就生气，摔门躲进房间，叫他吃饭都不肯出来。各科老师在班级群里发截图，他不是进群迟到，就是没有完成作业。"

阿文是我儿子小远的小学同学，两个人一起长大，幼儿园、小学都是同班同学。我们两个家庭的教育风格截然不同：我家是和风细雨，阿文家经常电闪雷鸣，阿文爸爸经常说的一句话是：棍棒底下出孝子。

我和儿子小远的关系一直比较融洽，他现在上网课几乎不用我操心，每天打卡、作业都自觉完成。班主任说他的情商很高；在小学六年级的时候，心理老师也曾说，他是班级的精神领袖。这些评价在我看来是对小远的最高赞誉。

小远是那种精力旺盛、调皮捣蛋的小孩，一刻也不能闲下来。三年级以前，班级里经常出现的画面是，他上课不停地讲话，结果被老师喊去罚站。老师在黑板上写字时，他就站在垃圾桶旁边，朝着同学们做鬼脸，逗得同学们哈哈大笑。老师转过来，他马上一脸严肃。老师也是哭笑不得。就是这样的一个孩子，到了青春期，居然是情商高、不叛逆的孩子。

说到家庭教育，我们是无为而治，给小远的自由有点"过火"。在自由民主的家庭教育中，在与小远的沟通过程中，我们有意无意地运用得最多的就是共情。共情的力量在家庭教育中起到了举足轻重的作用。

共情可以理解为：设身处地，想他所想，感受他的感受。

一、共情的力量：设身处地，想他所想

小远四年级的时候，有一天放学回来，看到我就哭了："妈妈，你看我的脸,被同学划伤了。"我一下抱住了他,仔细一看,右眼下面有一个大概3厘米长的划痕,我立刻给他擦了碘酒。虽然老师已经提前给我打过电话,可看到伤口我还是很心疼,因为伤口比想象中划得深。

"不要哭了,告诉妈妈,到底怎么回事,他是故意的吗?"

"他自己说不是故意的,他扔那个钢尺给后面的同学,就划到了我的脸。我感觉他是故意的,我明天要打断他的胳膊,达达说帮我一起打他!"小远边说边哭。

"不要哭了,明天妈妈也去学校,问问他到底怎么回事。我们现在去医院好不好?"

在去医院的路上,小远还是很委屈,在车上,我一直搂着他。

"妈妈,同学说,我有可能会毁容,那可怎么办啊?"

"不要担心,毁容也不怕,我们可以去韩国整容,妈妈刚好也想去韩国整容呢。"

医生检查后告诉我们,留疤的可能性不大,连续三天来消毒就可以了。

小远看起来情绪没那么激动了，但有个要求，要吃麦当劳，我肯定得满足他了。吃饱喝足后回家，看电视的时候，小远和他爸爸有说有笑的。我以为这件事已经过去了，谁知，睡觉前，他又来情绪了。

"妈妈，我明天还是想打断他的胳膊。"

"为什么啊？你现在伤口还痛吗？"

"不是很痛，可是他把我的脸划破了，我要报复他。达达也说帮我，我们肯定能打过他。"

"儿子，你知道一个人胳膊断了，要多少钱才能治好吗？"

"不知道。"

"我问了医生，至少要一万块，这钱是要我们出的。"

"啊，这么多！达达家要不要出钱？"

"肯定不用，他是帮你打架。"

"儿子，一万元啊，我们可以去吃100次麦当劳了，每周一次，就可以连续吃100周，你自己好好算算。"

他的小脑袋开始飞速旋转，想了一下，说："那还是算了吧，但我还是很生气，就是想打他。"

"他把你划伤，妈妈也生气，但是他不是故意的，你不是说他都吓哭了吗？这样吧，你从明天开始先不理他，先不和他玩。"

"好吧，只能这样了。"

那天晚上，我一直陪着儿子，直到他情绪平静，呼呼睡着。我马上发信息给老师，让她帮忙留意两个孩子的动态。

后来我带小远去医院消毒了三次，伤口也慢慢长好了。我问他，是不是还不理那个同学。

"妈妈，我们早就和好了，他还给了我包泡面呢。"

孩子之间的恩怨真的不用大人操心,一包泡面、两包辣条就可以搞定。

小学期间,小远在学校里只有这一次受伤的记录。当时我也是担心得要命,也心疼他,现在想来,真的庆幸自己的处理方式。

开始时我接受他的情绪,认真听他的每一句话。带他去医院,医生从专业的角度消除了他的忧虑。在他要报复的时候,我没有批评他,而是耐心地分析利弊,站在他的角度,给他一些建议。

二、共情的力量:理解接纳,沟通引导

2020年春天,疫情肆虐。非常时期,全家都在家活动,小远天天写作业、看电视、打游戏,三个月没有出门。但3月的一个晚上,家里爆发了一场"战争"。

三个月没有出去运动的小远说:"明天我必须去公园打篮球了,我要憋坏了。"

奶奶说:"宝贝,不能去啊,电视上说现在疫情还很严重,不怕一万就怕万一。"

爸爸说："你就是不负责任，就想自己玩，不考虑家人的安全。"

几个人你一言我一语，声音越来越大，后来小远趴到沙发上，狠狠地拍着沙发说："我明天就是要出去打球，谁也别拦我。"

我马上坐到他身边，搂着他的头说："好久没有抱我儿子了。妈妈知道你的心情，很烦躁，很无聊，是吧？"他不说话，但不拍沙发了。

我又接着说："你是篮球小王子，以前天天打球，现在几周不能打球，身体难受，心情很糟糕，这些我们都理解的。可是，你要想想，咱家三个老人，真的不能出问题，否则后果很严重。"他点了下头。

看他情绪好了一些，我继续说："妈妈这儿有几部奥斯卡获奖电影，你喜欢看哪个？《小丑》《寄生虫》，还是《驭风少年》？"

"看《小丑》吧。"说着他就爬起来打开电脑，去看电影了。

突然爆发的家庭"战争"，因为母亲运用了共情教育，而取得了意想不到的效果。

共情教育就是，我完全理解你此刻的心情，我完全接纳你的情绪，我是和你站在一起的。等待对方平静下来，再慢慢引导，给他一些建设性的意见。在沟通的时候，可以拥抱，可以摸摸头，拍拍肩膀，辅以一些亲昵的动作，让孩子感受到抚慰和支持，所有问题就很容易解决了。

共情要求家长调整好自己的心态，真正进入孩子的内心世界，站在孩子的角度去感受孩子的情绪，做到设身处地为孩子着想。其实，共情是我们与生俱来的能力，比如，家长如果带着负面情绪靠近小婴儿，即使什么话都不说，小婴儿就能够有所觉察，从而表现得紧张、烦躁、哭闹。

三、运用共情力量的技巧

家长如何更好地运用共情的技巧呢？我认为关键有以下几点。

1. 耐心倾听

倾听不仅仅需要用耳朵来听孩子的言语信息，还需要全身心地去感受。无论孩子遇到什么问题，无论是孩子的高光时刻还是至暗时刻，我们都要关注孩子表达的情绪信息，关注孩子的表情、声调、语速、动作、身姿等传递出的情感信息。

2. 学会接纳

在倾听的过程中，家长了解了孩子的情绪后，还要学会接纳孩子的情绪，不管是负面的还是正面的情绪。只有这样，孩子才会有足够的安全感，感受到自己的情绪是被家长接纳的，不担心自己被否定或被拒绝。通过接纳，孩子和家长的情绪就可以对接并且流动起来。

3. 鼓励表达

家长在了解、接纳孩子的情绪之后，可以用合适的语言把这种情绪表达出来，让孩子感到家长是理解他的，是和他站在一起的。常用的句型："我知道你现在的心情（我理解你现在的情绪），是因为……（情绪的导火索事件），要是……（孩子的愿望、想法）就好了。"

接着我们可以采用开放式询问的办法，告诉孩子凡事都有两种以上的解决办法，"说说你的想法，你觉得怎么解决比较好呢？"或者"让我们一起来想想解决办法好吗？"鼓励孩子自己寻找解决问题的办法。

一般在开放式询问之后，孩子会给出多种解决方法，家长可以和孩子一起讨论分析哪种方法可行，哪种方法更有优势，然后给孩子提供一点建议。在孩子有了初步决定之后，家长可以询问孩子是否需要家长帮助，这样可以让孩子感觉到自己做什么决定都有家长坚实有力的支持。

当孩子感到自己被家长理解时，他与家长的沟通渠道就是畅通的，这时家长的教育才能直达孩子的内心，沟通起来才能有效。

共情时要恰当地使用肢体语言。研究表明，肢体语言比文字语言更有说服力，如拥抱孩子、拉拉手、摸摸头等。如果所有父母都能灵活运用共情教育，心怀"儿童本位"之心，与孩子真诚交流，让孩子感受到被爱与被理解，我们就能营造和谐、真诚、温馨的家庭氛围。

林海霞
微博认证教育博主
@老师小海

华南师范大学教育学硕士，拥有20年一线教育经验，擅长青春期心理学。喜欢阅读、写作，曾获广东省"创新杯"说课二等奖。新浪微博认证教育博主，微博访问量达百万人次。

家长会教,孩子才能拥有好脾气

一、家长要学会告知孩子什么是"坏脾气"

卡卡回到家,像往常一样去书房做作业,不久我便听到了房内的游戏声,心想小升初学业这么紧张,他还玩游戏,于是忍不住提醒:"怎么不先写作业?打游戏多浪费时间!"

卡卡用力抿着嘴,然后把文具全部扔到了桌上。我有些不高兴,家里什么事都不用他做,他只负责学习这件事情,他还不乐意了。于是矛盾升级,卡卡摔了文具,甩下一句"我不用你们管!"

我意识到了反常,卡卡爱发脾气,但脾气不是没由来的,于是我的思绪开始自动倒带,想找出一些线索:卡卡期中考试成绩进步明显,活动积极,最近还在准备辩论比赛,缠着我练习了好几遍。或许这次的坏脾气和这次的辩论比赛有关?果然,班主任的反馈证实了我的猜想。

卡卡获得了二等奖,因为不是期待的名次,所以在领奖时,卡卡愤怒地撕掉了奖状,之后还试图撕掉同组同学的奖状。

与班主任沟通后,我脑海中全是卡卡撕奖状的画面。连日来投入准备,对他来说,这番上台既是比赛,是锻炼逻辑与口才的机会,更是证明自己

的高光时刻。但比赛尘埃落定,期待中那束舞台聚光并没有如愿投向他,这其中的失落和挫败,正是卡卡发脾气的缘由。

卡卡认为自己本该得第一,除此之外他都不接受。所以问题的根源在于"我必须做第一""我只能接受自己是第一名"这样的念头。了解了卡卡发脾气的真正原因,我并不急于纠正或教育,当负面情绪产生时,要做的首先是接纳它,看到它。

于是我对卡卡说:"这次比赛卡卡得了二等奖,妈妈发现你有点不开心。如果觉得难受,咱们就一起做个小游戏,把脑子里所有的情绪收集、整理起来,好吗?"卡卡点了点头。

我接着说:"现在伸出你的右手,回想领奖那一刻,试着把那时的所有情绪汇集在一起,将它从脑中拿出来,放到右手中。"卡卡闭着眼睛,我观察到他原本用力抿着的嘴放松了下来。

"接下来你会用什么词语来表述这个情绪呢?是生气、愤怒、羞耻还是其他?"

"我也不知道,我挺生气的,我觉得我应该能拿一等奖的。"

"原来卡卡当时很生气啊,那这个叫作'生气'的东西,它是什么颜色呢?"

"是红色"。

"这种红色深吗?"

"挺深的。"

"你感受到它是温热的,还是冰冷的呢?"

"是烫的。"

"凑近它,闻一闻,它是什么味道呢?"

卡卡动了几下鼻子:"我也说不上来。"

"那你觉得它摸上去是软的、硬的、光滑的，还是粗糙的？"

"不光滑，上面有点小火苗。"

"原来是这样，那它是什么形状的？重吗？"

"像火球一样，挺重的。"

我帮卡卡总结："妈妈也看到了，现在卡卡手上的这个东西，是深红色的，有点烫，像个火球，很重。卡卡，如果你可以施一个魔法改变它，比如改变它的颜色、重量、形状，你想怎么做？"

"我想让它变透明，给它降降温，最好让它再轻一点。"

我继续引导："如果能让它变小，你愿意吗？"卡卡点点头。

"那接下来你想怎么处理呢？是想捏碎、扔掉，还是埋起来？"

"我想把它放在黑盒子里埋起来。"

"我支持你，我们一起数一、二、三，你使劲往前扔！"

"一、二、三——"卡卡用力一投，"嘿"的一声，"生气球"被扔走了。

我很庆幸，没有在矛盾产生之初反复纠缠卡卡发脾气这件事，而是用接纳的心态帮他发现、梳理问题，然后处理因为挫败而产生的愤怒。其实情绪也有守恒定律，既然产生了，就不会凭空消失，我们无视它，它就会以破坏性的方式呈现出来。而对负面情绪的感知，本身就是调节、化解情绪的过程。

其实我和卡卡并非一开始就如此默契,以往卡卡发脾气,摔东西时,常常是我吼他,他抿着嘴闷声叫喊;我拍桌子,他紧握拳头……我的错误应对让彼此焦虑万分,有段时间我们愤怒又痛苦,迷失而无法靠近。回头总结,主要存在以下三个方面的问题。

1. 无原则妥协

为了要汽车玩具,卡卡发起了拉锯战,并赌气绝食,最终我不忍心,买下玩具,事情平息。但这似乎让卡卡掌握了一个不战自胜的秘诀,那就是以前用哭闹无法达成的事,通过绝食(伤害自己)可以逼我妥协。

可问题在于,用自己的安全去威胁别人,在家人身上或许管用,长大后,如果如法炮制,应对上司、恋人,显然行不通。而且威胁和家庭暴力一样,只有一次和无数次之分。想通了这点,在卡卡故技重施时,我果断扛住压力,不鼓励、不妥协、不发火,微笑地表达关爱,但坚定地守住立场。

2. 以暴制暴

伴随着成长,孩子的情感体验日渐丰富,愤怒、沮丧、嫉妒这些情绪,就像一位必然会扣响家门的客人,总会如约而至,它们的到来或许让人无措,但它们本身并不含恶意。如果我们视其为猛兽,将其拒之门外,那么孩子不但会失去情绪体验的关键机会,更重要的是,遵照情绪守恒定律,这位客人不会打道回府,也不会凭空消失。

既然不能以温和的面孔被邀请进入,又无处可去,如果你是它,你会怎么做呢?很可能会破窗而入。这时孩子所表现出的情绪肯定会更加激烈,且难以安抚。

所以,如果再有一次机会,当情绪来敲门,让我们平静地向孩子介绍这些客人,不要对孩子开火,也不要因为孩子一时无法与这位朋友好好相处,就引发更大的家庭矛盾。有研究表明,不用亲身经历来自父母语言或肢体的暴力，光是目睹父母之间的语言或肢体暴力，孩子就会备受折磨，倍感压力，更容易陷入焦虑和抑郁。

其实负面情绪谁都会有，这位客人会敲开所有人的大门，我们无法阻挡，也无须阻拦。我们要做的是认识、理解它，并学会如何与它相处。对处在负面情绪中，甚至正在大发脾气的孩子，作为家长，不管是怼回去还是打回去，针对的都是孩子本身，而没有关注到孩子的无助。正因为无法消化负面情绪，所以孩子才会用最简单的方式——乱发脾气来表达。

这时候孩子需要的是给予一份同理心。我们可以说："你感到生气，没关系，这种感觉妈妈也会有，所以产生这种感觉不是你的错。"父母要停止喋喋不休的责备、长篇大论的说教，以及诉诸暴力的冲动，因为这些只会让亲子冲突升级，互相伤害，对好脾气的养成毫无益处。

3. 无视冷漠

心理学家武志红说过："一个人的脆弱很少是宠出来的，大多是幼时由于情感忽视而造成的。"无论何种情绪，能被积极关注和回应，是孩子安全感的来源。它就像水面以下的冰山部分，虽然看不见，却是孩子健康人格的基石，也是良好亲子关系的底座。

我们一向注重孩子智能和才艺的教育，却很少有人意识到，帮助孩子感知并表达情绪同样重要。很多人都遇到过这样的情景，孩子拿着满分试卷跑来嘚瑟，爸妈一脸严肃地说："不可以骄傲，继续保持！"

孩子的"求表扬"，也是一种自豪感的分享，我们稳稳地接住他的喜悦，轻松地分享就好。如果孩子发来的情绪信号一再被无视，久而久之，会发生什么呢？孩子高兴时也不敢高兴，难过时也不敢难过，他不再愿意把自己的高兴和难过分享给家长，亲子沟通的通道也就慢慢闭合了。

所以，在这种情境下，爸妈应该说的是："宝贝，你现在看起来特别自信，妈妈特别自豪，快用你骄傲的小眼神告诉我，接下来你会努力下去！"像这样借助孩子的喜悦，分享家长的自豪，再表达期望，孩子高兴的情绪被肯定了，他就会切实地感到自己是值得肯定的人，是配获得幸福的人，同时就会更加认同努力可以建立自信和快乐。

二、家长要学会接纳孩子的"坏脾气"

卡卡小时候特别胆小，即使是在游乐场，他也是拉着我，眼巴巴地看着远处玩耍的小伙伴。我一度得意于他对我的依赖，后来我才慢慢发现，到了该体验社交、独自探索的年纪，卡卡却不敢离开父母的视线，这不是好的依赖关系，而是缺乏安全感的体现。因为不确定妈妈是否会离开，或是担心表现得太过贪玩而会受到责备，所以孩子迟迟不敢踏出独自探索的步伐。

而真正优秀的依赖关系，是孩子确信我们就在身后关注着他，支持他体验快乐的事，他们在遇到问题时永远可以转身回来求助，只有这样，孩子才会有底气离开我们，去更远的地方探索。

这件事情告诉我，帮助孩子养成好脾气的目的，是帮助他完成长大成人的过程，获得独立探索世界的能力和底气。而长大成人的标志和探索世界的勇气，都源自孩子对情绪的正确感知和调节。

孩子拥有好脾气，可以学会接纳自己的情绪，从情绪中获得力量，去面对这个丰富的世界。因此，拥有好脾气，不是让孩子一味忍让、压抑情绪、事事顺从。最快乐和最幸福的，不是只懂得听话和顺从的孩子，而是喜怒哀乐都能被接纳的孩子。

理解了发脾气是一种本能后，我还想说，学会正确地发脾气还能提高情商。哈佛大学讲师、耶鲁大学心理学博士后苏珊·大卫研究发现，情商的决定性因素是情绪敏感力，它主要取决于孩子释放情绪时我们所采取的态度是接纳还是制止。也就是说，孩子情商的培养，在很大程度上取决于我们对他们情绪的态度。

因此，每一次孩子发脾气，既是对亲子关系的挑战，也是孩子出给我们的即兴考题。为人父母并不容易，因为我们不是提前具备为人父母的知识和资格，才得以成为父母的，我们甚至没有为此参加过一次培训或考试，但严苛的考验却出现在孩子出生后的每一天。这就需要我们保持学习心态，用机会的视角去解读孩子的每一次发脾气，让孩子拥有一份健康的依赖关系，为孩子成长为独立勇敢的人注入一份底气。这样来看，孩子发脾气也未尝不是一件好事。

发脾气是一种激烈的求救，孩子在表达："我好无助，我没办法消化这件事给我的影响。"拥有好脾气的孩子不是没有情绪，而是知道如何用更好的方式来表达，也就是用语言代替肢体。语言的神奇之处在于，一旦情绪得到描述，就意味着情绪已经被察觉，孩子的情绪获得关注，也就跳脱了"越忽视，越强烈"的怪圈。用语言表达情绪，这本身就是排解情绪的过程。

但我也有这样的体会，当孩子已经开始发脾气，这时请他平静地表述"我好生气"几乎是不可能的。这种情况适合在孩子生气后，父母和孩子一起回忆，请孩子说说发脾气的缘由，也就是情绪的导火索，然后回忆发脾气和平静后的感受，这中间经历了什么。

在这个过程中，我们需要耐心倾听，避免任何评价性的语言，不管是正面评价还是负面批评，也不需要提出建议。如果实在不知道说什么，可以用"原来你+孩子的最后一句话"来回应。比如，卡卡说英语课上自己积极举手，但老师没叫他起来回答，所以他很难过、沮丧。我不必评价老师，不必赞许卡卡的积极，或是给他任何建议，我只需要用"原来你积极举手没被点名,所以很难过"这个句式来重复卡卡的话就可以了。这样的句式能让孩子难过的情绪被关注到,孩子会觉得你同理了他的难过。

在这个过程中,作为家长,我们的分享同样重要。因为听别人的经历和感受,也是一种情感疗愈。不管是何种情绪,分享出来,与孩子产生共鸣,孩子就会理解。丰富的情绪体验并非自己独有,负面情绪尤其如此,每个人都要学会接纳、关注和调节它。

在给孩子读绘本时,不妨选择一些情绪主题的绘本,比如"我的感觉"系列。它有 8 个板块,分别是"我好难过""我好害怕""我好生气""我好嫉妒""我好担心""我想念你""我会关心别人""我觉得自己很棒"。每个板块都是一个故事,主角会告诉你他的情绪,比如我好生气,因为别人笑话我,然后孩子就会知道,被嘲笑连接的情绪叫作生气。

接着主人公会向你描述生气状态下,他会想要喷火、说难听的话、动手打人等,这就让孩子知道生气的感觉是怎样的。了解了感觉后,主人公还会告诉孩子,当你有上述这些感觉的时候,怎么做可以让自己舒服一些,比如换一个地方,听一些轻快的音乐,或者来一点运动。

绘本里主人公的故事,在孩子看来既是别人的故事,同时也是自己的投射。主人公的喜怒哀乐,以及对自己情绪的处理,会自然而然地变成孩子模仿和借鉴的对象。

情绪教养方面的绘本还有很多,下次购书时不妨多多关注。

大家还记得开篇提到的被撕掉的奖状吗?帮助卡卡认识到自己挫败、愤怒的情绪,这是情绪调节的一个方面,而另一个方面则是,应对挫折。

我们期待孩子拥有怎样的品质?思考这个问题时,不妨转换一下角色,让孩子跳出自己这个角色的局限,想象一下,自己是一位旁观者,站在新的角度,再来看一看站在二等奖位置上的那个孩子:"他努力了很久,但这次没能获得期待的成绩,看到他那么沮丧又生气的样子,你有什么想对他说,好让他坚强一些的呢?"

在这样的情景中,卡卡好像轻松了许多:"我挺理解你的这种感觉的,不妨把这种遗憾留到下次去弥补,好好努力,下次一定会有进步的。"原本是我想对卡卡说的话,现在卡卡自己说了出来。此刻他既是旁观者,也是那个被安慰的小孩。从愤怒撕掉奖状,到坚定的安慰,情绪的能量就这样流动起来。

这个方法的运用场景很广泛,在一些人际冲突中,互换角色,重置情节,不失为一种有效的调节策略。就像读绘本的人,会不由得把自己带入故事中去,让情绪的主角从原本的场景中抽离出来,转换成旁观者,或者事件的另一方,情绪体验就会更加丰富、立体。

庄瑶

@教日语的小棉袄

毕业于东北师范大学日语系,硕士研究生,三级心理咨询师。拥有9年工作经验,擅长心理学支持下的学情分析。从事日语等级考试教学,所教学生20多人进入日本知名大学(庆应义塾大学、早稻田大学、关西大学、明治大学、关西学院大学、同志社大学、立命馆大学、青山学院大学等),7位学生在国家、省、市日语演讲比赛中获奖。本人多次在市、区心理会课比赛中获奖。

第二章 守护好孩子的性格与健康

妈妈是孩子的守护神。孩子吃、睡、行的日常,孩子生理与心理的健康,无时无刻不牵动着妈妈的心绪。我们的目标是,让孩子拥有健康的体魄与阳光的心态!我们的愿景是,让孩子在自然中放肆地成长!

从小用好这三样，呵护孩子吃、住、行

我的两个儿子，大南和小北，吃喝拉撒睡，全由我经手。从怀第一胎起，我开始努力学习各类育儿知识，就是为了能更好地照顾他们。如今大儿子11岁，小儿子也7岁了，两个人茁壮地成长着。

我与身边的朋友经常会交流养育孩子的过程中遇到的问题，从日常哺育到学习辅导，我都能与大家侃侃而谈，唯独说到孩子生病、吃药、医院哪个专家好或者哪种药效果好等话题时，我插不上嘴。我家这两个孩子能吃、能睡，身体特别好，除了正常体检、打疫苗，我们基本没有迈入过医院大门。我们没有半夜去儿童医院就诊的经历，没有排过几百号的队，又哪来的看病经验呢？

身边有个朋友曾经说我家的孩子是天使宝宝，这样的天使宝宝可不是天上掉下来的。12年育儿过程中，我总结出了三样孩子在婴幼儿时期家庭必备的利器，分别是餐椅、睡袋和安全座椅。

一、用好餐椅，让孩子养成用餐好习惯

我家附近新开了一家鱼火锅，周末约了几个好友一起聚聚。到了饭店，几个小朋友一见面就开始叽叽喳喳聊天，好不热闹。

鱼煮好后，我轮流给每个孩子碗里盛上，招呼小朋友们吃完饭再聊。大南、小北开始乖乖吃起来，只见艾伦拿筷子戳戳碗里的鱼，又将筷子伸到嘴里咂吧了两下，就把筷子放下了。

艾伦是朋友老刘的孩子，与大南同岁，他俩最要好。

"艾伦，你怎么不吃啊？"大南盯着艾伦碗里那一大块鱼，疑惑地问道。

"我玩一会儿再吃。"艾伦开始拿勺子在锅里搅动。

老刘训斥道："别翻锅里的，鱼都被你弄碎了！你赶快吃吧，一会儿

凉了就不好吃了!"

"我就不吃!"艾伦瞪着他爸,"你把手机给我玩会儿!"

老刘怕儿子,立马就不凶了:"小祖宗,你吃点吧,你看大南、小北吃得多欢呐。这鱼好吃,你尝尝!"

"不吃不吃!"艾伦摆摆头,看见鱼池中有服务员在捞鱼,艾伦便跳下椅子跑了过去。

"这孩子就是不好好吃饭,唉。"老刘见鱼池不远,便没起身跟去。

专心挑着鱼刺的大南问:"叔叔,这么好吃的鱼,艾伦怎么不吃啊?"

"是呀,艾伦哥哥怎么不吃呀?"小北嘴边全是汁,吃成了花猫脸。

老刘给他俩碗里各捞了一块鱼,说:"你俩别学他,多吃点,叔叔就爱看你们吃饭。"

老刘放下筷子,宠爱地看着大南、小北,转过头对我们叹了口气,说:"这个艾伦呀,吃饭方面我真是拿他没法了……"

我也是看着艾伦长大的,艾伦小时候胖乎乎的,后来越长越瘦。

老刘接着说:"我和小佳太忙了,艾伦只能交给我爸我妈带。从小吃饭就是我爸抱着用玩具哄,我妈喂。艾伦走到哪儿,他们就喂到哪儿。现在十岁了,还是想什么时候吃就什么时候吃,在家也喜欢看着电视吃饭,有时玩着游戏,我妈还给他嘴里塞饭呢!"

我们聊天的工夫,大南、小北已经吃完了碗里的鱼,嚷嚷着还要一碗。

很多孩子都有吃饭不专心的问题,不好好吃饭,孩子营养摄入不足,就会影响身体发育,所以我特别庆幸在大南、小北小时候好好地利用了餐椅。

每到吃饭时间,我就把孩子们抱上餐椅,系好安全扣,并安上餐桌板。桌板上除了餐具绝不会放其他玩的东西。孩子小时候我会喂一喂,等到他们能自己拿勺子后,就让他们自己吃。而且我还定了规矩,餐桌是吃饭的地方，坐下了就好好吃，下了餐椅，这顿饭就算结束，想玩会儿再回来吃，那是不行的。

大南两岁时，有一天吃晚饭的时候惦记着玩玩具，碗里的饭没吃完就想下去，我向他确认："你真的不要吃了吗？一会儿饿了可没有饭吃了哦。"大南点点头，我给他解开了安全扣，他跳下餐椅就往玩具那儿跑去。

晚上要睡觉时，他可怜巴巴地对我说饿了。我也心疼，但考虑到时间太晚了，定下的餐桌规矩也必须遵守，便告诉他我明天会早点起来给他准备早饭。第二天一早，大南果然乖乖地坐上餐椅等着开饭了。后来，他每次吃饭都会好好吃，吃饱了再下桌。

因为餐椅是小朋友专属吃饭的地方，会增强吃饭的仪式感，所以会让小朋友对吃饭更重视。

二、用好睡袋，保证孩子的睡眠质量

大南上幼儿园的时候，班里有一个小女孩叫倩倩，我和倩倩妈妈接送孩子时经常碰面，特别聊得来。倩倩妈妈年长我几岁，我亲切地叫她莉莉姐。

有一次我们一起逛街，碰到一个婴儿用品品牌店正好搞活动。那时候我怀上二胎大概七个月，想着小北正好冬天出生，就想趁活动挑一个婴儿睡袋。我选了一件黄色的，带一层薄绒，胸口的位置还有一只小鸭子，非常可爱。

在旁边看童装的莉莉姐过来问我："你在看什么呀？"

"姐，你看这睡袋好看吗？打六折呢！"

"睡袋？"莉莉姐把睡袋提起来左看右看，撇了撇嘴对我说，"穿着睡袋孩子睡觉能舒服吗，腿都蹬不开，会不会难受啊？"

"姐，倩倩没用过睡袋吗？"

"没啊，倩倩小时候从没穿过。你家大南穿吗？"

"是呀，大南一直都穿，夏天一般穿薄的纱布样式的，冬天就用厚点的。这样不管怎么翻身怎么蹬，孩子都不会着凉。大南睡觉睡得特别好，我也不用操心给他盖被子。"

莉莉姐提着睡袋若有所思地看了看，说："也对啊，我家暖气不太热，我晚上老怕妞着凉，半夜得看她好几回呢。"

"那你给倩倩挑一件大号的吧，试试，真的好用！"

"她现在那么大了，愿意穿吗？"莉莉姐还是有点疑惑。

"你挑个她喜欢的颜色和图案，她肯定愿意穿。现在天气马上冷了，最好选这种袋子式的，脚在里头不会着凉。天热了你再买那种分腿式的，肚子有保护，脚露在外边，凉快。"我给莉莉姐分享着我的经验。

后来莉莉姐为倩倩挑了一件粉色带公主图案的睡袋买回了家。

过了一星期，我又碰到了莉莉姐，她隔老远就冲我招手，快步向我走来，开心地说："上次买的那个睡袋太好用了！倩倩特别喜欢，一到睡觉时间自己就穿上了。这几天我发现她晚上睡得特别好,早晨起来精神劲儿特别足,也不流鼻涕了!而且,我也不用晚上起来给她盖被子,我的睡眠质量也提高了!要是她小时候就开始用就好了!"

我也跟着乐呵呵地笑,睡得好,是孩子们身体健康的第一重保障!

我家大南从小身体就好,我觉得睡袋有很大的功劳!关于他和睡袋,还有一个好玩的故事。

大南两岁时的一个晚上,哄他睡着以后,我就蹑手蹑脚地到客厅收拾玩具。为了不让灯光影响他,我把家里的大灯都关了,只留了客厅一盏小小的灯。过了一会儿,我仿佛听到卧室传来轻微的动静,就停下手里的动作,把耳朵侧向卧室方向,仔细听听是不是孩子在翻身。没有了动静之后,我继续收拾起满地的玩具小汽车。

没过两分钟,我又听到卧室里有窸窸窣窣的声儿。

难道孩子醒了?我起身朝卧室走去。

我们当时住的那套房子,从客厅去卧室需要拐个弯。就在拐角处,我和一个半人高的荧光绿的"物体"相遇了!半夜,一个微微亮的物体突然出现在眼前,我顿时尖叫了起来!紧跟着,这个"物体"也爆发出了震耳欲聋的哭声!

谜底揭开,原来是我的亲儿子啊!

看来是他醒了,没看见我,就自己下床出来找我,没想到我们正好在拐角处碰上了。为什么是荧光绿色呢?因为大南当时穿的睡袋是浅绿色的,在晚上幽暗的灯光下就呈现出了荧光的颜色。

我赶忙抱着安慰他,看着他哭得好惨的样子,也觉得莫名好笑,自己和亲儿子,互相吓到了对方!

于是,这个关于睡袋的笑话我们一直讲了好多年。大南每次睡觉前都会边自己乖乖地穿睡袋,边要求我给他讲一遍这个故事,然后他看着自己身上的睡袋咯咯地笑,伴着笑意甜蜜入睡。

睡袋在大南心里有这样一份故事化的回忆,所以他一直把睡袋当成自己生活中的好朋友。有这样一位好朋友陪伴孩子长大,他睡得安心,妈妈也放心。

良好的睡眠质量对孩子们的身体发育特别重要。想要长高,身体必须分泌充足的生长激素,而生长激素大量分泌的前提,就是孩子处于深度睡眠状态。这就是对孩子们来说睡眠尤为重要的原因。

三、安全座椅,保障孩子的出行安全

前年我和老公带着小北去外地探亲,大南因为学校有活动没有与我们同行。探亲返程是在一个午后,因为老公一直有午睡的习惯,所以便由我开车。

中午的京港澳高速路上,车流量不大,老公坐在副驾驶座上,小北坐在后排的安全座椅上,他俩都在车上睡着了。没有了孩子的吵闹声,CD里又正好放着自己喜欢的歌曲,伴着路两旁往后倒退的景色,我很是惬意。

在这种放松的情景下,我想起了很多心事,开车时思想就开始不集中了。

我一直开在最左边的快车道上,等思绪回来时,我发现车头开始偏向左侧护栏。在高速路上车速快,眼看着要蹭到护栏,我当下便向右猛打了一把方向盘,想把方向正回来。那一瞬间,我完全没有想到先通过后视镜看一下后方有没有来车。

刚打完方向盘,紧接着只觉得车身猛地一震,然后车完全不受控制地斜着冲了出去。

震的那一下,把在副驾驶座上睡觉的老公惊醒了。

车在往前冲,我慌乱地问他:"现在怎么办?"

他赶紧说:"刹车!"

车在路中间慢了下来,老公赶快按下了双闪,让我把车往应急车道开去。在应急车道安全停下后,我才发觉自己手脚在发抖,背上全是冷汗。我的心一直怦怦跳,突然又是更猛地一惊,与老公对视一眼,一起迅速扭头往后看,万幸,小北还在后排座椅上酣睡着!安全带稳稳地绑着他,一点移动的迹象都没有!

那一刻我真是长长地舒了一口气。特别感谢有安全座椅的保护,不然当时的车速下小北肯定会受伤。确认孩子没事后,老公下车查看情况,我的腿依旧抖着,一点儿也挪不动。

从我急打方向盘,到安全停到应急车道上,仿佛发生了许多事,但后来查看行车记录,发现整个过程其实也就短短的半分钟。

每每回想起这件事,我都觉得好幸运。

第一,在车失控的那一段路程里,没有别的车经过,尤其是大车道上没有一辆大货车。但凡有一辆,这次事故的结局都不可想象。第二,万幸的是,从小就给孩子们培养了一上车就坐安全座椅的习惯,坐车就等于坐安全座椅,跟走路要迈腿一样,是一件必须做的事情。

安全出行无小事,请爸爸妈妈们一定要为孩子配备安全座椅,从孩子婴儿时期就开始养成习惯,让孩子们把安全意识融入日常生活中。

睡袋、餐椅、安全座椅,三样工具,从小培养孩子的好习惯,精心呵护孩子们健康茁壮地成长。

南悠然
微博认证教育博主、小学教育超话主持人等
@指南姐

曾开过机床,爬过化工塔,而后洗手为儿做羹汤。12年育儿经验,把工科思维融入日常教育,擅长把控孩子成长的一点一滴。任3年幼儿园、6年小学家委会委员,获得区教育局授予的"优秀家长"称号。愿与你分享经验,为你提供帮助,在育儿路上一起成长。

孩子缺少自信怎么办？

一、观察孩子的状态，找出消极原因

三年级期中考试结束，我回到家，悠悠正在全神贯注地摆弄乐高。

我问："儿子，你考得怎么样？"

他头也没抬，气定神闲地说："挺好的！"

"有多好啊？"我继续问。

他响亮地回答："数学100、语文96、英语93，第七名！"

这成绩还可以，他数学一向很好，但是英语成绩比平时要低。

我先表扬了他数学和语文考得不错，接着问道："英语这次是不是题目比较难啊？妈妈觉得这次比平时的分数要低些。"

他一听，立刻停下手里的摆弄，扭过头来睁大眼睛，做出吃惊的表情，夸张地说："妈妈啊，你可不知道，我们班×××（学霸）英语才考了98分。"

这是我们家的日常对话，他的口头禅就是"我们班×××才考了××分"。

言外之意就是，我怎么能比学霸考得好呢？悠悠就是这样的孩子，比较佛系，不争不抢，不紧不慢。孩子们在一起玩儿，他从来不争王，乐乐呵呵的，也从来不和别人打架，大家都爱和他玩儿，觉得他性格好。我也一度觉得，这孩子人缘好，随遇而安，不和人争，挺好的。

直到有一次，我带他去北京天文馆参观，有一个模拟飞行器的装置，特别有意思。一群孩子热火朝天地排队，推推挤挤，吵吵闹闹，都在等着玩儿。天热人多，也没人维持秩序，队伍排得乱七八糟。

很多孩子等不及，不时有人插队，推推搡搡的。但是悠悠就一直老老实实排在队尾，好几次明明都快到他了，又有别人插队，他不急不恼，又等半天。

我和他爸不想插手管他,就在一边坐着看。但是排了半个小时都没轮到他,我有点沉不住气了,走过去跟他说:"你这样排队什么时候才能排到?"他不说话,看我真的有点儿生气了,才小声说:"妈妈,这个我没玩儿过,我不会。"

这时候我才意识到,有时候不争取可能不是性格使然,而是没自信。

我联想到他在学习中也表现出来这个特点。他其实成绩不错,老师也说他很聪明,但他从来没得过第一名,题目稍难一点,他就马上拿学霸当参照物,觉得不可能比人家考得好,然后自我安慰。

二、及时与老师沟通,照顾孩子情绪

如果一个人本来能做到的事习惯性地不去争取,认为自己做不到,久而久之,就会形成惯性思想——反正也不行,不用那么努力。这不是随遇而安,而是懒惰,是对自身条件的浪费。于是我决定要让他在学习上逐步树立自信,成为一个真正有力量的人。

悠悠的班主任是数学教师,悠悠成绩不错,表现良好,老师也很喜欢他。数学相对更加容易培养他的自信,是个突破口,我决定从这里入手。

我专门找到悠悠的数学老师,和老师沟通了我的观察和看法。老师说,悠悠在学校的表现和我的观察基本是一致的,而且,老师肯定地说,悠悠确实有能力让自己变得更好。但悠悠现在的表现就是没有尽力,在学习上总有"差不多就行了"这种思想。

老师的回答更加确定了我的想法,我对老师说:"我很想扭转孩子的这种心态,培养孩子的自信心。他对您特别信赖,您能不能帮帮我?"

老师当时就和我约定,第一,当面和悠悠谈话;第二,上课多提问悠悠;第三,多观察悠悠,有机会就鼓励他。

第二天,老师专门把悠悠叫到办公室,肯定了他写作业认真,听讲专心,数学成绩一直很棒,说他是班里数学最好的孩子之一。

去找老师沟通的事,我没有告诉悠悠。我暗中观察找老师之后的效果。利用晚上聊天的时间,我总会问他,今天在学校开心吗?今天老师提问你了吗?他说:"老师经常提问我。"我说:"老师一定是觉得你数学学得好,让你给同学们做个榜样。"他有点儿半信半疑,但我看得出来,他并不反感老师的做法,反而担心自己回答不上来会不好意思,所以会更加用心地学数学。

有一天,他放学回家,兴奋得小脸放光,绘声绘色地跟我说:"妈妈,今天老师问谁能用更简单的办法做一道数学题,我自告奋勇去黑板前做了出来,老师带头给我鼓掌啦!妈妈,全班同学都给我鼓掌啦!"

悠悠是个低调的孩子,我很少见他这么嘚瑟,忍不住夸他:"你确实很棒!你现在都知道积极主动地抢机会了,真是好样的!你看,并不是每次学霸都比你厉害,妈妈没说错,你本来就很优秀!"

当天晚上,我就发微信向老师表达了感谢,谢谢老师的积极配合,孩子真的有进步!

又有一天，我问悠悠："今天在学校有什么开心的事？"他说："妈妈，你知道吗，3班的同学告诉我，我们老师在3班跟他们说，'这道题挺难的，咱们两个班只有一位同学做出来了，就是×××（悠悠的大名）。"

我赶紧说："是吗！太棒了！你不是说你从来没有比学霸考得好过吗？你看这道难题你是唯一做对的呀！考试题比这还简单，你一定能超过他（学霸）！"

通过侧面了解到他人对自己的肯定，这往往是最鼓舞人的，孩子也不例外。听到老师当着那么多同学的面表扬他，而且做对了一道那么难的题，悠悠自然信心大增。低年级的孩子对老师的话都非常信任，既然老师说某个同学数学好，慢慢地，同学们就公认他数学好。通过这件事，逐渐形成了同学们一有数学难题就问悠悠的风气，而给别人讲题，又是悠悠特别擅长的事。讲题本身又反过来增加了悠悠的自信，这样就帮助悠悠树立起了"数学我能得第一"的信心。

我希望他能明白，数学这么难他都能做到第一，其他科目也没问题。单科已经突破，接下来要趁热打铁。下一科，英语要发力。

三、让孩子理解老师，消除对抗情绪

悠悠上的是外国语学校，自幼儿园就开始学英语，四年级以前，悠悠的英语成绩还不错，英语老师也觉得他成绩挺好，但到了四年级，他的英语成绩有所退步。

英语老师说话直，免不了批评他几句，他就有点儿抵触。我发现他连续几次的英语小测验总是犯低级错误，估计他上课听讲不认真。

我问他："英语课好玩儿吗？你喜欢英语课吗？"

果然，他说："妈妈，我以前挺喜欢英语的，现在不喜欢了。我们英语老师说话特别厉害。"

我问:"老师说什么了?"

他说:"老师总说我'你看你原来成绩那么好,现在都快成差生了'!"

孩子喜欢某一学科,往往和老师有关,越是低年级的孩子,这个特征越明显。好不容易建立起的自信,不能就这样被浇灭。

看来我也要找英语老师沟通了。

我和英语老师约了时间,问了悠悠最近的学习情况。果然,老师很不满意,说他上课不爱听讲,小动作多,成绩明显下降。

不得不说,老师还是挺负责的。在和我见面之前,老师提前找出了悠悠几次考试的卷子,认真分析后拿给我看,具体指出了他的缺点。

老师并不了解我真正的来意,其实我不是来了解成绩的,我很清楚孩子在各个阶段的真实水平,正是发现了问题,我才来找老师的。

但我也不能明说孩子不喜欢老师。相反,我其实特别感谢老师这种认真负责的态度。

得先夸老师。首先我特别真诚地感谢她为了我们的谈话而做的准备,和平时她对孩子成绩的关注。

我说:"老师,您真是太负责任了,这些试卷经您这么一分析,我就更清楚了。我家孩子平时没少让您操心,特别感谢您。他性格有点儿内向,对批评比较敏感。他从小练琴,老师越表扬,他越有兴趣;老师批评得狠点儿,他练起来就勉强。学习上也是这样,我们也在引导他,锻炼他的抗压能力。但是孩子毕竟小,可能需要过程,还请老师多体谅。"

老师说:"我以为他就是贪玩儿,不想努力。一个班里有那么多孩子,老师真没有家长了解每个孩子。今天咱们沟通得很及时!其实他只要有兴趣,愿意学,就能学好。"

我赶紧说:"是啊,他一直挺喜欢老师的,也挺喜欢英语。现在不知道怎么了,有点儿怕老师,还请您多鼓励鼓励孩子,让他把兴趣培养起来,我们一定配合。"

老师笑了,说:"我们当老师的,就怕家长把孩子全推给学校,尤其是低年级的孩子。家庭教育千万不能忽视。放心吧,孩子挺好,我会多鼓励他的,成绩提高没问题。"

这次我改变了策略,我没有提让老师多向他提问这种建议。因为孩子对这件事的认识还没扭转过来,而且英语现在是弱科,我不知道如果他答不上来,老师会不会在课堂上批评他,那样的话就会适得其反。

我要做的是,抓紧时间让悠悠理解老师,从对抗的情绪中跳出来。

我详细询问了老师,孩子是哪个方面比较薄弱。老师很细心地在试卷上把相应的题型圈了出来,并且建议每天让他多做一些补充练习。

回到家我装作不经意地对悠悠说:"你知道英语老师为什么对你很严厉吗?"

他好奇地问:"为什么?"

我说:"我先问问你,你记不记得小时候调皮,被爸爸打过?"

"记得呀,我去同学家玩儿,爸爸找不到我,急坏了。我回家后爸爸狠狠地一脚踢到我屁股上,可疼了!"他不假思索地说。

我想起他被爸爸教训那次,他又尴尬又害怕,屁股疼也不敢说话的样子,忍不住想笑。

我忍住笑,问他:"爸爸打得你多疼啊,那你还喜欢他吗?"

他说:"当然喜欢呀。"一副"这还用问"的神情。

"为什么?"

"因为爸爸是为我好,他是担心我。"

我趁热打铁,说:"对呀,老师也一样。你知道什么叫'爱之深,责之切'

吗？老师越喜欢一个孩子，就对他越严厉，因为他明明可以是优秀的孩子，却表现得不优秀，这多可惜呀。所以，你不要怪老师，你要证明给老师看，你确实很厉害！咱们试一下好吗，妈妈和你打个赌。"

悠悠有点儿搞不懂怎么绕到老师那里去了。但他从来没听过"爱之深，责之切"的说法，他以前只知道，老师表扬谁就是喜欢谁；批评谁就是讨厌谁。他半信半疑的神情好像在说，这个我真不懂啊。

不懂没关系，不抵触就好。就是要用孩子认知之外的事情，让他觉得，"哦，这个好新鲜"。否则孩子就会觉得，"你又给我讲大道理"。

接下来的几天，我经常提醒他："记得跟妈妈打的赌哦，上课的时候，你只要认真听讲，老师就不会批评你。""你很聪明的，认真听课，成绩一定能提高，考个满分让老师大吃一惊！"

每天回到家，我也会抓紧机会和他闲聊，重点问英语课上有什么有趣的事，引导他发现英语的乐趣和老师的优点，我刻意不问老师有没有提问他。

过了几天，他回来跟我说："妈妈，今天老师给了我一本书。"我一看，是一本专门练习单词的小册子，老师让他每天做一篇。

真是个好机会。我马上跟他说："你看，老师多喜欢你呀，特意送你礼物！老师都觉得好的书，一定是好书！"

我马上给老师通电话表达了感谢，顺便告诉老师，孩子现在情绪平和了很多，孩子是喜欢老师的，请老师多鼓励他。

老师的心意一定要充分利用。每天晚上我都会和悠悠一起做一篇那个小册子上的练习。虽然都是一些基础知识，但因为他前一段时间上课听讲不认真，所以错得比较多。但是慢慢地，错误逐渐减少。每进步一点，我就表扬他。渐渐地，他能连续好几天得满分。

在这个过程中，孩子通过每天的积累和练习，夯实了基础。不该犯的错误减少了,再加上我一直督促他做这本练习,做完就帮他对答案,他觉得妈妈很重视这件事,也就不敢在上英语课时说话、搞小动作了。当然,英语老师也不再批评他了,而是像数学老师一样,觉得他成绩很好。

就这样,从数学到英语,在两大主科的带动下,悠悠的自信慢慢找到了,和老师的关系也缓和了。他发现,老师的批评其实来自对他的认可,只不过换了一种形式,这是他从来没想到过的。带着这种预设的心理,他越来越发现,真的是这么回事。再加上老师真的不再批评他了,他就像一颗攒足了能量的小卫星一样,上了轨道,开始自动运转。

孩子在长大的过程中,没有一帆风顺的,在遇到困难时,自信会使人爆发出超乎想象的能量。自信的人看世界,到处都是善意和机会,尤其是男孩子,不能轻易认怂。这就是我重视孩子建立自信心的原因。

在培养孩子自信心这件事上,家长是第一责任人。对此,我有以下几点体会。

(1)家长首先要做到密切地观察孩子,善于从小事中发现问题,并且永远保持和孩子之间的信任与沟通。如果孩子不愿意和你沟通,就会有大麻烦。

（2）学会向老师借力。老师对孩子的态度直接影响孩子对某门学科的态度。老师的鼓励会形成很强的正反馈，激发孩子的自信心，所以家长一定要和老师配合。

（3）老师的一句表扬或批评，在孩子心里分量很重。

（4）在培养孩子自信心的过程中，要与老师保持互动，随时了解情况，调整办法；帮助老师了解孩子，引导孩子理解老师。

（5）孩子成绩的提升不是一蹴而就的，可以先单科突破，积小胜为大胜。

（6）好孩子是夸出来的，你想让孩子长成什么样，首先要坚定不移地相信他/她，然后不断地发现孩子的优点，并及时给予提醒、强化，直到孩子真的变优秀。

自信是能量永不枯竭的源泉，是孩子高飞的翅膀，愿我们的孩子都能内心强大，永不认输，有勇气面对困难，有胆量迎接挑战，有力量把握命运，用信心打造更好的自己，赢得人生的桂冠！

仲凌

微博认证职场博主、问答答主等

@职商姐姐

一级人力资源管理师，CCPA国际注册薪税师。毕业于河北师范大学汉语言文学专业，曾任汇洁集团、报喜鸟等多家国内知名上市公司人力总监，现任管理咨询师、企业顾问，有20余年工作经验。擅长儿童心理学、管理学，善于将管理经验融入育儿理念，在孩子性格培养、习惯养成等方面有独特的心得。

孩子内向、不爱说话怎么办？

我女儿的小名叫彩虹，因为 2016 年我生日那天，家乡北京的天空出现了两道罕见的彩虹，同月我怀上了她，因此为她取名彩虹。她出生于伦敦的一个双语家庭。我是中国人，她还在我肚子里时我就跟她讲中文；她爸爸一家是英国人，所以用英语跟她交流。

她在婴儿时期就同时接收两种语言。我平时带娃用中文；爸爸虽然平时工作繁忙，但只要有时间就会给她读英文绘本；一岁左右断奶后，彩虹和爷爷奶奶接触的时间多了，接收的英语也有所增加；姥姥也来英国小住了半年，和孩子讲的是中文；我还曾经在她 7 个月和 13 个月时两次带她回北京探亲两到三个月。因此，彩虹两岁左右的中英文输入比例基本持平。

到两岁多，彩虹开始去幼儿园，周围是英语环境，英语的输入比例就比中文高了。但我坚持单独和她在一起时使用中文交谈，可以说，小彩虹是在真正的双语环境下长大的。

一、内向是性格的一种，家长要认真对待

有研究表明，双语环境中长大的孩子因为从小同时被输入两种语言，接收和消化语言的时间要比接收单一语言的长，因此说话会比接收单一语言的孩子慢。

如果拿遗传来说，我和彩虹爸爸都是不到一岁就开始说话了，而且说得很清楚，小彩虹按理也应该说话早，但因为她是双语输入，虽然七个月时已经开口叫妈，但真正说话是在两岁半以后。

1. 不轻易给孩子贴不爱说话的标签

最初决定让她上幼儿园是因为她是家里唯一的孩子，我想让她和其他小朋友有更多的互动。可她毕竟刚过两岁，年龄偏小，所以先一周上两个

半天,一次去三个小时,适应一下(英国孩子正式上学的年龄是从四岁上学前班算起,这之前,各种上学形式比较灵活,从 6 个月开始就可以进入日托,还可选择半天或全天)。

我们之前去过幼儿园,小彩虹也见过老师,但毕竟年纪偏小,又是在一个完全陌生的环境里,小彩虹虽然没有哭闹,但最初的几个月里她完全不说话,一点声都不出的那种。最开始老师以为是因为新环境,孩子多少有些不适应,但过了几周,发现她还是不说话,老师就跟我反映这个问题了,甚至还一度认为她有语言发育迟缓的问题。

小彩虹属于内向性格,我和她爸爸都是内向型的人,她很有可能是遗传了我们的性格。但我从不认为内向是个缺点,而只会把它当成一个人的性格特点。她在外面虽然不爱说话,但我发现她观察事物的能力极强。

上亲子课的时候,她会目不转睛地看着老师的一举一动。虽然课上她不跟着模仿、重复,但她会把所有动作都记在脑子里。回到家后她可以从头到尾地将课上学的儿歌和动作模仿出来,还要求我跟她一起做,俨然一副小老师的样子,经常逗得人哈哈大笑。

2. 即使有外部压力,也要无条件相信孩子

当老师再次跟我反映彩虹不说话的问题时,我跟老师解释说是因为双语环境的问题,我在家跟她说中文,爸爸回家后才说英文,但老师依然认为她已经两岁多了,需要开口说话了。按照英国儿童发展大纲来说,彩虹的语言发展水平比同龄的孩子相对迟缓。即使我跟老师解释,彩虹在家是说话的,而且她能听懂中英两种语言,但似乎还是不能改变老师对彩虹的看法。

老师每次找我谈话都是当着孩子的面。我很了解彩虹,她虽然不爱说话,但大人说的话她全明白,因此我更要坚定地维护她,让她知道妈妈是相信

她没有语言方面的问题的,相信她是因为时间还没到所以才不说话,相信她和别的孩子一样是正常的。如果真的要责怪,就责怪妈妈好了。

我经常跟老师半开玩笑地说:"我小时候也很内向,跟她一模一样,可是您看我现在呢,靠语言吃饭,还当老师呢,一点问题也没有啊。"经过几次沟通,老师也不再多说,顶多跟我反馈彩虹还是不说话,我就点点头,微笑着把孩子接走了事。

有一次,我把小彩虹在家连唱带跳的视频给老师看,老师却说虽然很高兴看到她活泼开朗的一面,但老师只能记录孩子在幼儿园里的表现,我也只得作罢。

3. 静等花开,孩子定会给你惊喜

我并不担心小彩虹的说话问题,一是因为她是我的女儿,我有直觉,知道她不会有问题;二是因为每次把她从幼儿园接回家,我都会问她,今天在幼儿园里玩什么了,和谁玩的,吃了什么零食,等等,她都能跟我交流。她一定是听到了我和老师的几次谈话,而且能明白我对她的信任,所以不

慌不忙地在按照自己的节奏慢慢成长着。

小彩虹即将三岁的一天,我照常去幼儿园接她,老师兴奋地跟我说,课间休息时,老师让孩子们从花园里回到教室,彩虹却站在门口一动不动,老师对她说快进教室吧,彩虹却冲着老师一脸严肃地说:"不,我在等我的朋友!"老师居然一点都没有感觉被冒犯到,还把它当成了一件大事记录下来——小彩虹在幼儿园里居然从蹦字阶段直接跳到说句子了。

之后她就一发不可收拾,开始和老师交流、和小朋友聊天。有一次老师跟我反馈,她说得越来越多了,我说:"您看,那时她不说话您着急,现在说不停了可怎么好?"老师笑着说:"我宁可她说个不停,这才是这个年龄的孩子应有的样子。"从此我们再也没有因为孩子的说话问题而产生分歧了。

二、深入了解孩子的内心,探索孩子不爱说话的原因

1. 孩子成长遇到问题,可找专业人士解惑

虽说在孩子面前我一直都表现出对孩子完全地信任,但背后也会因为老师多次的反馈而产生一些焦虑。我曾经因为小彩虹在幼儿园里不爱说话的问题和她的奶奶聊过。小彩虹的奶奶是位获得过伦敦杰出特殊教师奖的退休教师,她接触过众多形形色色的学生,但她对一个名叫詹姆斯的学生印象极为深刻。以下是奶奶讲的关于詹姆斯的经历。

2. 从不说话到说话,一个真实案例的启发

詹姆斯到上小学一年级时还不怎么说话,彩虹奶奶作为班主任,并没有立即联系学校的特殊教育部门给他做鉴定,而是先联系家长了解情况。因为一旦鉴定成立,英国政府将给他一个特殊教育需求(问题学生)证明,学校可以凭证明得到一笔资金,请专门的特殊教育教师将孩子带到单独教室上课,甚至会被安排去看心理医生,更甚者会用药等。这张证明会跟着

孩子从小学到中学，无论是什么原因造成的特殊性，都会跟随孩子一辈子。

通过和家长的交谈彩虹奶奶了解到，詹姆斯出生后，由于父母都忙于工作，没有时间陪伴他，便把他直接交给奶奶来带。奶奶虽然尽职尽责地照顾詹姆斯的生活起居，但跟孩子并没有太多的语言交流。从小没有太多语言输入，又很少见到爸爸妈妈，缺乏安全感，所以詹姆斯一直不肯开口说话。

孩子不爱说话的主要原因是没有语言环境，没有经过大量听的输入过程，这样如何期望他进行语言输出呢？幸好彩虹奶奶及时发现了孩子不爱说话的主要原因。上学后詹姆斯得到了老师的关注，和同学们一起上学、做游戏，父母也开始重视起家庭中的亲子互动，因此，詹姆斯性格逐渐开朗，也爱说话了。

3. 关爱孩子的成长环境，重视婴儿时期语言输入的重要性

如果当初彩虹奶奶没有对詹姆斯进行家庭背景调查，而是直接将詹姆斯送到特殊教育部门，把小詹姆斯当作语言发育迟缓的问题少年来对待，詹姆斯还不知道会经历什么样的"治疗"呢。在这里呼吁更多的家庭，不要轻易给孩子贴标签，要试图了解孩子的成长环境，不要过早进入所谓的"治疗"阶段。很多情况下孩子是因为成长环境不良而造成的心理问题，最终导致孩子封闭自己而不爱说话。

有研究证明，婴儿出生几个小时后就能辨别爸爸妈妈的声音了。彩虹一出生我们就不停地和她说话，所以她在小月龄时就已经可以分辨出我们的声音，会和我们有眼神交流，甚至会冲着我们微笑。很多家长因为工作忙，直接把孩子交给老人或保姆带，而多数老人和保姆并不懂得早教启蒙的重要性和方法，认为带孩子只需要负责孩子的安全，冻不着、饿不着孩子就行了，然而这是完全不够的。父母需要和老人、保姆进行沟通，或对他们进行培训，让他们重视与孩子的交流。

三、改掉不良生活习惯，鼓励孩子多说话

1. 莫做大包大揽的家长

我的邻居是个全职妈妈，她的儿子叫小杰。小杰一岁多，正处于牙牙学语的阶段，但似乎并没有什么说话的欲望。小杰妈妈因为天天都在陪伴小杰，很清楚孩子的需求，孩子想喝水了，想要哪个玩具了，只要一个眼神妈妈就能猜到，然后妈妈就帮他把问题解决了。孩子没有说话的必要，也就不说了。

小杰的妈妈跟我诉苦，说孩子到了年龄也不爱说话。我跟她说，你不妨"逗逗"孩子，假装不知道孩子想要什么，然后鼓励孩子说出他想要的东西。她试了试，孩子被"逼"急了，不得不发出一些像"奶""要"和"不"这样的字词。所以，要给孩子创造机会，让他们自己说出自己的需求。

2. 不要纠正孩子说话

小彩虹开始说话时，会有些语法错误，但并不影响交流。因为她开口较晚，我更不愿打消她说话的积极性。比如有一次，她用英文说："妈妈，猫楼梯了。"我就回答："哦，是啊，猫爬上楼梯了！"这样既能鼓励她主动交流，又能给她示范正确的说法，时间长了，她自然而然地就会按正确的方式说了。

有的家长在孩子刚会说话时就不停地纠正孩子的发音和语法，这是不应该的，久而久之很容易打消孩子说话的积极性。当孩子说得不标准时，家长应该做的是重复孩子说的意思，并且用正确的方式表达出来。

3. 忌和其他孩子比较

因为是首次怀孕，没有经验，怀孕期间，我参加了英国这边的准妈妈培训班，认识了另外七个孕龄相近的准妈妈。相继生产完后，我们依然还有联系。英国的产假是一年，一年后大部分妈妈都要回去上班。我因为是高龄产妇，综合考虑后决定辞职做全职妈妈。

很多休完产假上班的妈妈把孩子放到了英国的日托所,因为费用昂贵,大部分妈妈只选择每周上 2~3 天。即使只有两三天,因为会和老师、小朋友一起玩,再加上都是单一英语交流,所以大部分的孩子在一岁左右就会说不少话。我们聚会的时候,因为孩子年龄相仿,家长难免会将自己的孩子和其他孩子比较。

前文中提到过,彩虹是在两岁半以后才开始在公共场合说话的,和这些孩子比起来真的算很晚了。我虽然内心也有些焦虑,但不会当着孩子的面进行比较。千万不要在和家人聊天时说:"你看××家的孩子都会说那么多话了,咱家的孩子怎么还不会说呀?"

孩子虽然不会说话,但他们已经完全可以听懂大人们的聊天内容。如果听到父母把自己和别的孩子比较,甚至看到父母对自己有失望的情绪,孩子内心会受到伤害,积极性也会受到影响,这样的话,孩子就容易封闭自己的心灵。所以,家长们要切记,不要对孩子进行比较。不光是说话方面,各个方面都不要。每个孩子都有自己的成长节奏,让他们按照自己的节奏慢慢地健康长大吧!

王倩云
微博认证母婴育儿博主
@ 英国彩虹妈

2003年赴英,英语及传播学本科、MBA,持伦敦大学对外汉语教师证。曾在驻京国际组织、驻英国企任职,也曾任BBC教学网站的测评顾问。曾在伦敦公立小学任汉语教师。英国汉语培训学校创始人。10年教龄,学员年龄跨度4~60岁,擅长英汉双语教学,重视各种早教启蒙。

孩子讨厌体育运动怎么办？

随着生活水平的提高，孩子身边围绕着越来越多的零食或高热量食物；现在的孩子不用像以前那样需要做那么多家务，也不需要参加农业劳动；孩子上学的路上大多是坐车，不再需要长时间的步行；回到家后的课业也多，孩子们在户外玩耍和运动的时间不断被压缩……这些都使得各年龄段的小胖孩越来越多。

我们都知道，运动对孩子是非常有益的，不光是对孩子的身体好，也有助于培养孩子的团队合作能力，甚至影响到以后的工作。

但是现在的实际情况是，有不少的孩子不爱运动，甚至讨厌运动。这样不光会导致孩子体育成绩不好，甚至会对孩子的身心健康不利，如肥胖儿童、性早熟的儿童越来越多等。我的女儿也不爱运动，于是有了下面的对话。

一、孩子运动的开始，需要家长的鼓励

女儿："妈妈，我不想跳绳，我不会。"

我："你试试，像这样。"

女儿：沉默地看着我。

我："就像妈妈这样，你看，很容易的。"

女儿："我还是不想，我不喜欢……"

我不断劝说还是没有用，这时几个邻居家的小朋友过来了，对女儿说："一起玩吧。"

女儿眨着眼看看我，我有一种挫败的感觉，但还是让女儿和小伙伴一起去玩耍了。不过，对于引导女儿跳绳，我还是没有放弃。过了一会儿，我打开长绳，对一起玩耍的年龄稍大点的孩子说："大家要不要一起跳绳

呀？"

两个小朋友过来了，接着又来了两个，几个人一起把长绳甩了起来。开始只有两三个人跳，陆陆续续更多的小朋友也加入了。女儿在一旁也想加入，开始不敢跳，但看着小伙伴都在跳，她开始动摇了，往前跑了几步，但始终进不了绳。

看到她的表情和状态，我知道到时候了。于是我开始了新一轮的鼓励，让会跳的小朋友带她，同时还把绳摇慢了，一点一点地让她成功，一次、两次、三次……

终于，很多次后，她越来越起劲，发现自己可以适应，而且这个运动没有那么难。和小伙伴一起，她越来越有信心，跳起来也完全不像开始时的状态。后来，她喜欢上了这项一开始她害怕、抗拒的运动，还开始了教新朋友的日子，成了班上长绳队的队员。

二、6个方法引导孩子爱上运动

女儿："妈妈，我们坐车吧。"

我："只有一点点路就到啦。"

女儿："我爬不动了。"

我："你看前面有什么？好像是一只小鸟，小武和你谁先过去看看？"

女儿："哪里哪里？我要先看。"

这是我们爬山时的对话，就这样，我利用孩子的好奇心让孩子慢慢爱上了一周一次的爬山运动。如果我偶尔周末想偷懒，她自己都会提出要去爬山。

生活中有很多类似的场景，开始时我们动之以情，晓之以理，想了很多说辞，孩子还是不为所动。但是当我们不和孩子说得太多，只是鼓励孩子，让孩子产生兴趣，并带着孩子和她的朋友动起来，孩子慢慢就融入了运动。

为什么孩子会讨厌运动呢？其实我不觉得孩子是讨厌运动，每个孩子天性都是爱玩的，是会爱上运动的。但如果家长没有在适当的时期让孩子加入适当的运动项目中，发现运动的乐趣，孩子在家待久了，也就不愿意运动了。

怎样让孩子爱上运动呢？

首先，从孩子比较有信心的项目开始。运动要求孩子感知、控制自己的身体，而感知和控制的过程就是孩子认识自我的过程。能控制好自己身体的部分，孩子就会更自信。比如，有的孩子发现自己打球比较好，就会更愿意去尝试，而尝试的过程中，自己擅长的运动项目会做得更好，他就会更愿意继续这项运动。

记得女儿学游泳时，第一年找教练学习后，她总是害怕，不敢游，老师教的技巧虽然会了，但放不开手脚。我就让她多在浅水区玩，练习她擅长的闭气、潜水。后来她自己在浅水区慢慢摸索，练习得多了，心里有底了，发现自己能掌握一个小技巧后，就会去尝试另一个小技巧。最后一点一点积累起来，她越来越有信心。第二年深水区她也敢去了，而且还在深水区潜水、闭气、翻跟斗，玩得不亦乐乎！

其次，找到孩子感兴趣的运动。比如，孩子看到别人骑车，很想去试试，这时候就满足他，让他去尝试，一点一点教他，后面家长就可以放手了。大家还记得自己小时候学骑车的经历吗？刚开始需要别人在后面扶着，但是过了一会儿就可以一个人飞速往前，不用别人扶车一样可以骑得很好，而且还会越来越想尝试不同的骑法，炫耀自己的车技。

还有一种容易让人产生兴趣的运动，那便是团队运动。可能你没发现孩子喜欢哪项运动，但是他一定喜欢和小朋友一起玩，喜欢团队活动。这时你可以像我最开始带女儿跳长绳一样，邀请她的朋友来玩，孩子自然就想加入这个团队了。

小朋友都是爱在一起玩的，所以，要找到可以很多人一起参与的运动。而且，跟同伴一起玩，会激起孩子小小的虚荣心与竞争意识。

比如，我们去爬山，如果孩子和大人一起，孩子可能会喊累，在大人面前撒娇耍赖不想走，但是若有孩子的同伴加入，孩子就会产生和同伴竞争的心理，或者不想落后的心理。我女儿至今还会说起跟小刘同学一起爬山，小刘不如他能吃苦，爬山过程中总是喊累的事情。虽然她平时也有过类似的情况，但是在她的记忆和我们的肯定中，她常常会说："我比小刘同学更能吃苦，到山上了也不喊累。"到现在她还愿意爬山，在这一次一次的肯定中，孩子也会力求做得更好！

接着，树立一个榜样。我们不要常拿孩子和别人比较，如在孩子面前说谁又考高分了等,这样孩子心里是不会高兴的,而且激励的效果往往适得其反。那我们要找什么样的榜样呢?我的方法是找个比孩子大一些的哥哥或者姐姐,明星也可以。比如,我女儿很喜欢易烊千玺,我就给女儿看易烊千玺唱歌、跳舞的视频,还有他在公交车上拿着菜板学习的视频,以此为榜样激励她。

从小学开始,易烊千玺周末都是6点起床,周二、周三、周四放学后,他要换乘两个多小时的公交车到达培训班,周末还要转战另外几个班。

晚上10点或11点下课后,妈妈拿出一块菜板,易烊千玺在车上完成作业。有时赶不上末班车,就只能在姐姐家借住一宿,第二天早晨5点再起床回昌平上学……这种日子直到爸爸给家里添了小汽车才算结束。

再如女儿的表姐,从三年级开始报名学校长跑课外社团,通过自己的努力,跑进了长沙市运动会长跑前三名。她每天比普通学生多一个小时的跑步训练,但是学习成绩也很优秀,进了长沙有名的雅礼中学。

这些都是我时不时会给孩子讲的榜样的故事。有一个好的榜样,孩子的行为和行动就会向他们靠近。我女儿时不时会说,要向易烊千玺哥哥和自己的姐姐学习,哪门成绩都不能差。现在她的成绩不能说是最好的,但还算平衡发展,跳绳也是由以前的不愿意跳、成绩不佳,到现在的良好、优秀了。

另外,要形成习惯。当孩子从爱玩到感兴趣后,一定要趁热打铁,让孩子形成习惯,如每天坚持运动60分钟。我家的运动项目是约同学一起打羽毛球加跳绳,周末爬一次山。当她形成习惯后,不用我说太多,到点她就自动催我一起去,有时候我想偷懒都不行。

最后,可以换花样。当孩子形成习惯后,可以适当地让孩子学习不同的运动技能,这样孩子对运动的热情就会更多样化,生活也会更加丰富多彩。

就算对一项运动没那么喜欢了,还有新的运动方式会吸引他一直运动下去。

现在给各位家长一些小建议。

不要过早地让孩子(10岁以下)参与太多专业性的竞技类体育运动,如足球、篮球等。因为孩子的手指、脚等部位还没完全发育好,孩子过早地参与这类运动,如果因为这类运动伤到了手指、脚趾,他会对这项体育运动留下阴影,可能以后都不会再想碰这个体育项目。

对于10岁以下的孩子,应该让他们参与运动,在玩耍中锻炼,获得成就与快乐。体育的目的是教人,而不仅是教某一项单一的体育项目。

以前俱乐部的篮球教练问波特曼的老师马丁:"您是教什么的?"

马丁老师说:"我是教孩子的。"

教练说:"我知道您教孩子,您具体是教什么的?"

马丁老师还是说:"我是教孩子的。"

其实马丁老师是说,体育教育应该是以人(孩子)为本,而不是只专注某一个项目。我们也应如此。每一个孩子都是不同的,要以孩子为本,围绕孩子想办法,让孩子爱上运动。

熊雯
@爱分享的熊麻麻

毕业于长沙民政学院经贸系,毕业后进入头部快销品公司任销售经理助理。后因心中的热爱,学习了专业化妆,成为一名高级化妆师,并获得湖南省化妆大赛银奖。在国际化妆品牌公司任职7年,后因为想更好地陪伴孩子,选择成为一名自由职业者。目前是一名阅读推广人和好物分享者。

孩子身体抵抗力差怎么办？

我在美国的一家中医诊所工作。

我的临床病人大多数是女性，自己看好病之后又带家里人来看病。其中有一家人令我印象深刻。

这家人中的妈妈先来看病，她一头金发，美丽动人，但常年有心绞痛的问题。第一次治疗的时候，我刚在胳膊内侧给她扎了一根针，她就开始低声哭泣，哭了半个小时，说心脏不疼了。

第二次，她带来了自己的丈夫。丈夫高大帅气，两个人站在一起，真是一对令人赏心悦目的璧人。丈夫的问题是肩膀和颈椎僵硬，经过三次治疗，有了 90% 的好转。他们说，下一次带他们的两个孩子来。我心想，那该是多么漂亮聪明的孩子啊。但是，为什么要带孩子来呢？

一、改善孩子的抵抗力，从改变家长的行为开始

孩子们来了，是两个漂亮孩子，瘦瘦高高，四肢异常纤细。是妈妈带着来的。

我将三个人分别安排进了三间诊室。我先敲门进入妈妈的诊室，她说："我今天主要是带孩子们来看病的，请你帮助我们全家人。"

"孩子们怎么了？"

"老大，女孩，12 岁，焦虑症，长期腹泻；老二，男孩，8 岁，阅读障碍，长期感冒。"

这和我平常接诊的儿童病例不太一样。平常儿童生病，一般是积食、湿疹、咳嗽、腺样体肥大、感冒、发烧、手足口病等。我治过最久的一个孩子，是一个 7 岁的糖尿病患儿。但是儿童焦虑症和阅读障碍，我是第一次接触。

我分别去看了两个孩子,除了瘦瘦高高、四肢纤细之外,他们有几个共同的特点:皮肤干燥,骨架很细,虽然是白人孩子,但是脸色暗沉,腹诊时感觉到孩子肚子里都有条索硬结,皮肤也非常紧。

给孩子们分别做了相应的治疗之后,我决定找妈妈聊一聊。根据以往的经验,两个孩子有类似的体征,问题一定出在父母身上。

妈妈躺在治疗床上,应该全身放松,却仍然有着肉眼可见的紧张。她两肩耸着,拳头紧握,脚趾绷着。我轻轻按压她头顶的穴位,尽量令她放松后问她,为什么会这么紧张,而且是她自己意识不到的紧张。

她开始缓缓地回忆:"这份紧张源于我的小时候。每年10月底万圣节的时候,大家会穿上各种变装的衣服来庆祝节日。小孩子都穿自己喜欢的可爱衣服,男孩扮蜘蛛侠,女孩扮公主,但是大人就不一样了,怎么吓人怎么穿。"

"5岁那年的万圣节,我和几个小朋友一起挨家挨户敲门要糖果,刚刚走到一户人家的大门口,就见到一个骇人的半人半骨架的骷髅猛然从暗处蹦出来,张牙舞爪,血迹斑斑,当时我就晕倒了。

"醒来之后,我就再也没有睡过一个好觉,而且要爸爸妈妈陪着睡。从那以后我常常做噩梦,半夜被吓醒,总是熬到累得不行才能勉强睡着。家里房子大,不管白天晚上,不管去哪里,就算是开着灯,我也总感觉有骷髅跟着我,或者有其他可怕的东西跟着我。我不敢一个人去厕所、一个人洗澡、一个人做任何事情。

"晚上睡不好,白天就神思恍惚。去医院做了各种检查,也没有查出别的问题。医生说是神经衰弱,所以我一直在服用镇定的药物。同时,从那时候开始,我就特别不爱吃饭,不想吃饭,所以一直很瘦。

"长大后,我依然总是紧张,睡觉问题没有改善,胃口也一直很差,还多了心绞痛的毛病,结婚以后也没有好转。经过在你这里的几次治疗之后,我的状态好多了,但是仍然非常紧张,胃口也没有完全好。

"我在家工作,每天早上 6 点起床,把孩子们送到学校,就开始一天的工作。我不停地接电话,开视频会议,面对屏幕一整天,非常疲惫。孩子们回到家,我打起精神给他们做饭,陪他们写作业、睡觉。但是偏偏两个孩子都睡得不好,很难入睡,还一直说害怕,每天都要我陪着才能睡。简直和我小时候一模一样。"

说到这儿,她猛然一顿,一字一句地重复:"和我小时候一模一样,啊,天哪。"她转头看我,眼睛亮闪闪的,好像一下子想通了什么。

我笑了,说:"太棒了,你已经发现了一件很重要的事情。我们先不要纠结病名,想想两个孩子的症状,和你的症状也一模一样:皮肤干燥、紧绷、骨架纤细,没什么肌肉,干干瘦瘦,脸色暗沉,肚子里有条索硬结。"

二、改善孩子的状态，从改善家长的状态开始

"我给你讲讲我小时候的故事好不好？我的爷爷奶奶都高寿，我从小是他们带大的。从小我就听爷爷奶奶对我爸妈反复强调，小孩子要健康长大，只需要做好两件事就够了，特别是 12 岁之前。第一件，要吃好；第二件，要睡好。吃好的目的是长身体，睡好的目的是养精神。

"我从来没有被追着喂过饭，没有被强迫吃不爱吃的东西。比如，我不爱喝牛奶，就从来没有喝过。还有，我小时候也像你，胆子很小，对所有事物都很敏感。爷爷奶奶就很注意这个方面。中国没有万圣节，但是有清明节，还有中元节，也是纪念故去的人的日子。每到这些日子，爷爷奶奶就叮嘱我们小孩子要待在家里，由他们陪着。所以，我从小就吃得好，睡得好。"

接着，我又问："你的两个孩子饮食习惯如何呢？"

妈妈说："每天早上一杯冷牛奶，泡一些麦片，有时候什么都不吃，就去上学了。但是学校有早午餐，也是一样的食物。"

"就是这些冷的东西，让孩子们的肚子里有了条索和硬结，包括你的肚子里也是。"

小孩子本应该有足够的能量推动内脏的运作，但是，冰冷的食物降低了孩子的生命能量，使肠胃虚弱。肠胃虚弱，身体摄取不到足够的能量，形成不了足够的抵抗力和免疫力，也无法推动大便的正常排出。他们的腹泻、感冒，都是肠胃虚弱导致的。

我们每个人都生活在一个大的能量场里，这个能量场是有磁性的。

小孩子的身体和心灵尚未发育完整，非常容易受外界的影响。孩子的精神状态和生命状态，与爸爸妈妈的精神状态和生命状态是一致的，与整个生活环境的精神状态和生命状态也是一致的。

我又说："你两个孩子的身体状态，与你的能量状态息息相关。我注意到，你两个孩子的眼神是散乱的。眼睛是心灵的窗户，心是精神的居所。眼神散乱，说明心不安定；心不安定，就不能正常思考、衡量进退，更不用说认字学习了。

"显而易见，你的紧张焦虑让孩子担惊受怕；你的压抑郁闷让孩子情志受到压制。爷爷奶奶，外公外婆，爸爸妈妈，所有亲密接触孩子的长辈，都要注意自己的能量状态。这其中，尤其是父母，父母就是孩子生活中的太阳。父母要有意识地觉察自己的能量状态，让自己的内心清明、稳定，不混乱，不烦躁。孩子处在这样的能量场中，自然能得到父母能量的濡养。

"我给你几个建议：尝试吃温热的食物，喝温水，小口缓慢地喝，不渴不喝；即使工作忙碌，午时也要抽10分钟时间闭目养神，做冥想；早睡觉。当你的状态稳定了，孩子的状态一定会好转。

"身病的根源多是心病，孩子生病的根源多是父母。孩子身体抵抗力差，基本是肠胃虚弱导致。所以我希望你多多关注孩子的饮食，每天都观察一下孩子们的舌苔，如果舌苔很厚腻，就要给他们做清淡的饭菜，晚饭少吃一点；少吃膏粱厚味，如油腻食物、烧烤食物等；不吃生冷的食物，尤其是女孩子。

"此外，要重视运动，晚上9点以前睡觉，睡前不看手机，不看电脑，不打游戏，保证睡眠质量。起床以后带着孩子慢跑、打球、游泳，让身体里的能量能够顺畅地流通，让孩子的身体不仅像树苗一样长高，更要长得茁壮。"

妈妈坐起身来，眼里含着泪，紧紧地抱了抱我。我也紧紧地回抱住她，我能感觉到，她已经和一个小时前急急地向我抛出问题的时候不一样了，她的双臂有力，传递着稳定和踏实的能量。

每个妈妈都是智慧的。她按照我的嘱咐,和孩子们一起做着生活习惯上的小小改变。同时,他们仍旧定期来做治疗。每次治疗时,两个孩子还是不愿意扎针,但是特别喜欢拔罐和推拿。

让我高兴的是,我从母子三人的脸上渐渐看到了光彩,母子三人的身上渐渐少了以往的紧张。姐姐的焦虑已经很少再出现了;弟弟不但读了很多新书,还说要学汉字。我大赞他聪明,汉字对开发形象思维是非常有益的。孩子的爸爸偶尔也来,一对漂亮优雅的夫妻带着一对漂亮聪明的孩子,令人赏心悦目。

郭烨

微博认证健康博主、针灸超话主持人

@燕妮Yeny

中医硕士,NCCAOM(美国国家针灸和东方医学认证委员会)认证、美国注册执业针灸师,擅长方药、针灸、站桩及身心同治。临床中侧重治疗各类儿科疾病及各类疼痛。提倡"父母营造的能量场影响孩子的能量""身病皆由心病起",倡导身心一体,身心同治,父母和孩子一同治疗。

孩子得了儿童抽动症怎么办？

相信很多家长对儿童抽动症的概念是模糊的，甚至很多父母在孩子身上遇见过这类问题，却不知道它叫什么。在 2019 年元旦之前，我也一样。我从来没有想过，自己有一天会和这个病纠缠到心力交瘁，几近疯狂。

一、及时发现孩子身上的"怪"毛病

事情还得从 2019 年年初，我带着孩子回老家治疗眼睛说起。孩子在三岁半入园体检时，被查出眼睛高度近视合并散光，伴有非常严重的弱视，是早产导致的眼球发育不良，需要选择一个好的弱视中心，每天进行矫正训练。我和他爸爸斟酌了一番之后，决定带孩子回老家治疗。相比而言，老家这边的医疗水平和弱视训练仪器都好过之前居住的城市，而且交通便利，不影响幼儿园接送。

离开了熟悉的环境，孩子不得不面对和适应当前的改变。测视力、验光、滴眼药、扩瞳、戴眼镜，新的居住环境和新的幼儿园，黑暗的弱视训练室、刺眼的训练仪器，还有半个月一次的复查……可以说，每天发生的每一件事，孩子都是以非常抵触的情绪来应对的，最后又在我的强迫和威逼利诱下完成。

在我的指挥下，孩子乖乖地忍着痛苦度过了两个月，没有糖果，没有汉堡、薯条，没有奶油蛋糕……一切对眼睛不好的东西，全部被我停掉了，饭菜也放弃了很多调味品，所有饮食都以清淡、不上火为标准，同时取消了所有电子设备的使用。我像一个控制狂一样，严格限制着孩子的一举一动，仿佛孩子多看一眼动画片，我就能看到他的视力在噌噌下降。

现在想想，一定是我残忍又强硬的态度，让孩子望而生畏。他再也找不到从前那个温暖有爱的妈妈了，而爷爷、奶奶、爸爸和以前的家都不见了，妈妈每天的逼迫让他无法接受又无处可逃，他只好把心停在了无助的孤岛上，再也不肯回来。直到今日，回想起来我仍然觉得心肺欲裂，悔恨交加，恨不得给那时候的自己一记耳光。

"只要每天两次的训练好好做，眼睛好了，我们就可以回家了。"我每天都用这句话欺骗孩子，开始孩子也信以为真，觉得只要每天配合妈妈、配合医生就真的能好，可是两个月过去了，视力没有一点好转，孩子开始烦躁了。我无法体会这痛苦的两个月对孩子来说有多漫长，更没想到这两个月可以让一个活蹦乱跳的孩子身心受损，走到精神崩溃的边缘。

孩子的脾气变得异常暴躁，并且坐立不安，时常控制不住地大喊大叫。伸舌头、吐口水、做怪异的表情……每次发作起来，他会把所有的玩具都摔掉，搞得家里一片狼藉。开始我会狠狠地批评他，直到发生了一件事，才让我意识到事情的严重性，原来孩子不是发疯，而是生病了。

有一天在弱视中心做训练的时候，孩子小心翼翼地跟我说，老师打他的手心了。我问他老师为什么打他，他说因为他在教室里大吼大叫，还把作业本撕了，两个老师就把他拎到走廊里，用手拍打他的手心，还骂他是神经病。我听了特别愤怒，立刻给老师打了个电话，老师说没有的事儿，孩子很乖，并没有发生这种情况。其实我心里非常矛盾，深信孩子不会说谎，但也不能排除他把想象中的事情当作现实的可能。第二天调看监控，我并没有看到孩子说的画面，事情也就不了了之。

但是，可怕的事情发生了。自从那件事情以后，孩子就开始晃脑袋，我以为他又添了新的坏毛病，每天提醒他，小孩子不要晃头，晃头不好看。但是，他不但没有停止，晃脑袋的毛病反而越来越严重，严重到可以不停地从早上起床晃到夜里入睡，不但晃脑袋，嘴里还不停地发出类似吭吭吭……特特特……咯咯咯的声音，肚子也一鼓一鼓的，像抽搐一样。

我害怕极了，开始在网络上搜查这些症状，带孩子四处求医。最后确诊了,这是一种叫作"儿童抽动症"的病,它像魔鬼一样侵入了孩子的身体,也狠狠地袭击了我的生活。

儿童抽动症,是发生在儿童期的一种神经精神障碍性疾病,又叫小儿抽动秽语综合征,是以反复发作的肌肉抽动和声音抽动为主,伴有强迫症和注意缺陷的心理行为的障碍性疾病。其发病率较高,多见于学龄前及学龄早期的儿童,且男孩多于女孩。

抽动症开始的症状大多数为简单性、不随意性的运动抽动,常表现为眨眼、挤眉、翻眼、咬唇、张口、点头、摇头、伸脖、耸肩等面部肌肉抽动,伴随反复咳嗽、清嗓子、发出哼哼的声音,也有腹部抽动、腿部抖动等。临床治疗以心理疗法为主,药物治疗只针对症状严重、影响日常生活和课堂学习的患儿。

在抽动症的早期,很多孩子都表现为频繁眨眼,家长会误以为只是小小的坏习惯而忽略,随着孩子面部肌肉的抽动,家长也有误以为是癫痫发作的。长期的忽略和误诊会给孩子的身心带来伤害,孩子自己也会出现自卑心理。

冰冻三尺非一日之寒。每个抽动症患儿的背后都有一大串发病诱因。抽动症是心病，如果知道心结所在，治疗起来就会事半功倍。

儿童抽动症的诱因有很多种，可能是惊吓、感冒、结膜炎、环境改变、父母离异等，但病因只有一个，就是情绪淤积。当孩子强烈地反抗一件事时，千万不要去逼迫他，孩子被迫地接受父母的意愿，对心理的伤害非常大，长时间的打压，会使症状全面爆发。如果是必须要做的事，一定要提前和孩子做好沟通，及时把孩子的疑问和心结打开。因为对于刚来人间几年的小天使们而言，外界环境对他们心理的影响非常重要。

儿童抽动症的病因主要在于家庭，后期治疗也以家庭治疗为主。作为家长，当孩子出现"怪"毛病时，不要提醒、批评和打骂，而是要做深刻的反思，思考孩子为什么会出现这样的情况，找到原因，从而改变或者调整教育方法，创造良好的家庭环境，保持融洽的家庭氛围。同时，选择好的幼儿园和有温暖、有爱的幼儿教师，避免让孩子受到体罚和惩戒教育。家长的打骂、情感上的压迫或者冷漠，是儿童抽动症的主要病因，这个病也是孩子对父母的考验，看父母是不是合格的。

二、接纳抽动症，做孩子的"镇静剂"

确诊以后，医生给开了一些补脑益智的药，但是我都没有给孩子吃，因为我知道孩子的病因所在，他更需要的是心理上的疏通，而不是药物治疗。我想，这个病既然是心理因素导致的，那么用心理疏通的方法一定可以治愈，事实也证明确实如此。

于是，我开始给孩子的生活做减法，让孩子从幼儿园退了学。不用去幼儿园了，孩子的情绪明显好转，发脾气、摔东西、大声吼叫的情况逐渐减少。由此我确定，幼儿园也是发病诱因之一。幼儿园可以暂时不上，弱视训练却不能停，毕竟眼睛是一辈子的事。我陷入了深刻的焦虑中。在跟眼科医生沟通以后，我决定每天只带他去训练一次，避开放学时间的拥挤，孩子表示能接受。和原来的生活节奏相比，每天做一次训练，让孩子觉得轻松了很多。

虽然不上幼儿园了，但孩子并没有丧失学习的能力。每天做完眼科训练，我都会带他去田野里玩耍一阵子，看看昆虫蚂蚁，认识花儿鸟儿。蓝天白云，绿色的视野，对眼睛和身心都是一种滋养。看到孩子在大自然里惬意地奔跑、玩泥巴、挖地洞、打土仗，快乐地在沙土窝窝里打着滚，我突然有种错觉，这么快乐的笑声，不就是我的童年吗？在我的记忆里，从来没有小伙伴患过抽动症，甚至连感冒都很少有。原来我的孩子被禁锢在城市里太久，连接地气儿都成了珍稀之事，这能不生病吗？

除了做眼科训练，其余时间他想怎么玩我就让他怎么玩。每天让他看半个小时的动画片，对于健康的零食和甜点，也不像原来控制得那么严格了，偶尔奖励一颗糖果，会让孩子开心地跳起来。随着户外运动的增加，孩子瘦弱的身体也慢慢变得强壮起来。那时候我就有一种强烈的信念，孩子一定会好起来的。

孩子生病，家长完全不焦虑那一定是假的。带孩子出去玩，当别人注意到孩子怪异的表情和不停晃动的脑袋时，都会投来异样的眼光，也有跑来询问我的，我通常都会如实奉告。虽然我看上去很镇定，其实各种滋味犹如百爪挠心，非常痛苦。连别人看到都觉得怪异、可怕，何况是妈妈？每天看到孩子扭曲的小脸，听到喉咙里的怪声音，面对伸舌头、吐口水、翻白眼、挤眼睛、缩脖子、耸肩、晃头、鼓肚子，走着走着停下来左脚踢右脚两三下……这些症状，我的心都要碎了，每日每夜我都无法安眠，黯然流泪，既无法面对这个病，也无法接受这个残酷的事实。

"妈妈，我会死吗？"这是一个四岁多的孩子，在得了抽动症之后问得最多的话。"你不会死，妈妈是医生，一定可以把你治好。""妈妈，我害怕死。""别害怕，宝贝，这个病并不可怕，大概和感冒差不多，并不会死。""妈妈，为什么我会生病？""是因为你的大脑运转得太快了，身体有点跟不上节奏，这个病只有聪明的小孩才会得哦。"

我一边安抚孩子的情绪，一边调整自己的心态，用了将近一个星期的时间来接受和消化这个病，然后与自己和解，与病情和解，不再用焦虑的眼光看孩子，不再提醒孩子的症状，看到症状也装作没有看到，不再忧心忡忡地过活。其实很多病都是在身心放松的情况下痊愈的，抽动症更是这样。我面对病情的镇静自若，似乎也给了孩子无限的勇气，回想那段最难过的日子，竟然每天都是在欢声笑语中度过的。

在孩子成长的过程中，生病是避免不了的，抽动症并不是什么可怕的绝症，家长不必过分担忧和抱怨，而是要找到症结所在，只要对症了，病很快就可以治好，作为家长一定得有这个信念。抽动症患儿最忌讳的就是家长焦虑，妈妈或者家人的焦虑对孩子来说是一种无形的压力，比这个病本身带给他的痛苦还要多。孩子天生依赖父母，尤其是妈妈，这时候如果妈妈崩溃了，孩子的精神堡垒也会跟着倒塌，孩子会觉得自己已经无可救药，慢慢地会不敢走出去，不敢与人接触，变得胆小、自卑，这样的结果远比抽动症本身更可怕。

三、用爱治愈，和抽动症说再见

"妈妈，我不想学跆拳道了，我不喜欢跆拳道。"这是孩子在退园两个星期之后，跟我提出的第一个要求。"为什么不喜欢跆拳道啊？""跆拳道太累了，而且老师总是拿着棍子打小孩，我害怕。""害怕啊，那咱就不学了。以后有什么不喜欢的、不开心的，都跟妈妈说，咱们一起解决。""真的吗？妈妈？太好了，你真是我的好妈妈。"

学习跆拳道是爸爸作出的决定，因为孩子是早产，体质一直很差，爸爸说要加强锻炼，增强体质，于是就拎着孩子去报了名。孩子很乖，可能也不知道跆拳道具体是什么，每次都是老老实实地去锻炼。现在想想，孩子根本就是被迫接受，不会表达反抗的情绪。看看我们为人父母的是多愚蠢，活活把孩子给逼得生了病。

由于先天不足，孩子非常瘦小、羸弱，并不能像其他小朋友一样生龙活虎，稍做运动就会体力不支，很可能会被老师当作偷懒而受到批评。那两个月孩子在跆拳道馆受了多少憋屈，可想而知。其实，增强体质也不只学跆拳道这一种方法，大可以选择孩子体力能跟得上的，不被老师胁迫的，孩子自己喜欢的项目。当然，最好什么都不要学，那么小的孩子，着急学这学那做什么？在操场或者田野里自由奔跑，就是最好的运动。

后来看到别的小朋友穿着轮滑鞋在广场上滑来滑去，他目不转睛地看，我问他是不是喜欢轮滑，想不想试试，他点点头，说轮滑好酷，像飞一样。孩子的好奇心一直驱使他寻找喜欢的事情。对于平衡能力比较差的孩子来说，学轮滑是一件好事，而且孩子能在学习轮滑的过程中找到快乐，这比什么都重要。

随着一点一滴的亲子沟通和心理减压，加上愉悦的生活环境、和谐的母子关系，孩子每天都拥有强烈的幸福感，附体的怪兽不再有机可乘，怪异的面部表情出现的次数越来越少，大概一个月吧，孩子就不再晃头和鼓肚子了。但是一旦有紧张的情绪，他还是会眨眼、耸肩，累的时候会踢腿，但这都属于比较轻微的症状，除了妈妈，外人已经不大容易看出来了。而面部症状真正消失，差不多用了四个多月的时间。

愚蠢的我用了两个月的时间把孩子折磨得生了病，又用了两倍的时间让他恢复正常，更要用一生的时间防止病情复发，真是得不偿失。

古人说塞翁失马，焉知非福，还是得感谢这场病，让我在育儿的道路上飞速成长。直到现在，我还时常会把孩子从生病到痊愈的整个过程在脑子里回放，反思我在每一个环节作出的决定，以及孩子症状改变的原因。从刚开始的如临大敌，艰难应对，恐慌排斥，到接受病情，面对事实，停止抱怨和焦虑，再到从容面对，找寻方法，用爱治愈，如今我对儿童抽动症只剩下感恩。

在网络上跟其他抽动症患儿的妈妈分享这些经历的时候，我说得最多的一句话就是，不经历一次儿童抽动症，你永远不知道自己有多愚蠢。第一次当父母，很多道理我们都是通过孩子学会的，育儿即育己，我们不是孩子的老师，而是孩子在帮助我们成长。每个孩子都是上天派来成就父母的小天使，让父母在迷失的道路上寻找爱、学会爱、拥有爱，用爱治愈一切困难。

对于发病初期的孩子，医生是不建议吃药的，精神类的药物副作用大，只针对病情严重到影响生活和课堂学习的孩子。儿童抽动症发现和心理干预得越早，治愈率就越高。世上的病有千万种，大概只有这一种是不用吃药就能痊愈的。古人说，心病还需心药医，这款心药就是亲子之间爱的流动。

所以，儿童抽动症不是病魔，它是爱神给我们的考验。孩子的症状时刻在提醒家长，孩子成长的过程中如果有一个环节缺爱了，家长就需要用更多的爱才能填补这个缺口。及时发现爱的缺口是治疗的关键，然后用爱填补、用爱治愈。我想，不只儿童抽动症可以用爱治愈，相信其他很多儿童心理类疾病都是可以用爱治愈的。

四、儿童抽动症之后怎么办？

这场儿童抽动症的经历，无论是对孩子还是对家长，都是一次心灵的洗礼。儿童抽动症的复发率很高，随着年龄的增长，孩子不可能一直生活在父母打造的爱的温室里，那样的话，抽动症是好了，可是孩子的一生却废了。

在症状消失了半年后的某天，发生了一件事，让我明白，孩子不能一直依靠妈妈的庇佑，他得学会自己长大。那天，在小区的儿童游乐园里，他开心地玩着滑板车，可能因为滑得太快了，在拐弯的地方来不及刹车，把一个一岁多的孩子撞倒了。那个孩子脸磕在地上，擦伤还挺严重的，因此没命地哭，而我儿子却一溜烟逃跑了。

我赶紧把那孩子扶起来，一边给他擦眼泪，一边跟孩子和孩子奶奶道歉，问奶奶要不要去医院看看。我儿子却全程躲在滑梯后面，让他出来给弟弟道歉，他倔强地说不要。我当时想，他可能是害怕了，有点不知所措，但从他的行为表现来看，绝对是在等我处理，让我来替他搞定。

从生病开始，为了减少外界的刺激，我对他几乎是百依百顺，生怕一点挫折就会引发症状。孩子也习惯了事事都依赖我，做错了事就等着我来处理，丝毫没有面对困难和突发事件的能力，而且孩子这种逃避的应对方式让我非常难过。我想，如果我再这样包办下去，即使抽动症好了，对他的成长又有什么意义呢？

  我开始一点一点地放手，不再帮他做任何决定，在和小朋友相处的过程中，我不再参与他的纠纷，一切都让他自己解决。刚开始时孩子会习惯性地依靠我，祈求我帮助，我也会和他一起分析如何应对，然后鼓励他，让他自己去行动。

  这个过程对患抽动症的孩子来说是有点痛苦的，因为患抽动症的孩子大多数很敏感，外界的刺激和挫折对于他们而言是被放大的。而抽动症又是神经精神障碍性疾病，特别容易受情绪的影响，他心里任何的不痛快和烦闷情绪都有可能让症状复发，甚至大爆发。但我们不能因为害怕症状复发，就包办一切，阻止孩子成长，否则孩子永远无法独立面对成长道路上的困难和挫折。

  所以，锻炼孩子应对挫折的能力，提高他们的内心力量，才是防止儿童抽动症复发的关键。养育孩子是一个渐行渐远的过程，没有哪个父母可以永远把孩子搂在怀里。家长要利用周围环境和每天生活里发生的事件，给孩子锻炼的机会，鼓励孩子单独去应对，带他去接触新鲜的事情、认识新的朋友、多和同龄的孩子相处，小朋友之间有碰撞才会有成长。温室里的花苗永远长不成参天大树，接受自然界的风吹雨打反而可以铸就栋梁。

  患儿童抽动症的孩子，当症状稳定了以后，还是要融入正常的学校生活中去的。同龄群体之间的交际有助于锻炼孩子面对挫折和处理矛盾的能力。不要因为担心遇到负面事件会让症状复发，就把孩子禁锢起来。不公平的待遇或者外在的压力，是有可能让孩子出现情绪淤积的小疙瘩，但只要家长及时发现，了解事件的具体情况，有针对性地帮助孩子把这些小疙瘩解开，一般不会出现症状复发的情况。

  作为家长，一定要学会接纳孩子的情绪和状态，感同身受地陪孩子一起面对问题,允许孩子哭闹和发脾气。家长的接纳会带给孩子信任感,这样的信任感也是心理疏导的前提。很多人觉得心理疏导很难,其实是因为这个词有点专业化,说白了就是和孩子做知心朋友,平等友爱,互相倾诉。我想,不只儿童抽动症患儿,很多内向、敏感的孩子,都需要和父母有更多的内心交流。切记,心理疏导不是说教,不是跟孩子讲道理,而是平等地交流,不要居高临下,更不要以心理疏导的名义过多地干涉孩子的自由。

杨小艳
微博认证健康养生博主
@养心姑姑

毕业于华中科技大学同济医学院临床医学专业。有十多年的临床工作经验,擅长中药食疗、艾灸、中医美容,以及情志疾病的防治。近两年着重研究儿童抽动症的心理治疗,并积累了很多临床成功经验。曾多次获得单位颁发的杰出青年奖、业务积极奖,为相关患者答疑解惑,微博访问量达百万人次。

第三章 抛弃坏习惯 妈妈有办法

我国著名文学家巴金先生说过,孩子的成功教育从好习惯的培养开始。妈妈们头疼的问题如此相似:孩子们贪吃零食、拖拉磨蹭,有时还说谎骗人、叛逆不服管教等。淘气的小捣蛋鬼会不会成为管不住的小魔头呢?来看看妈妈们的办法。

孩子变成宅娃怎么办？

"出去玩会儿吧？"

"不，我还没看完电视剧呢！"

"出去玩会儿吧？"

"玩什么呀？没意思。"

这样的对话，你的家里是否也有？电视、手机、漫画、玩具、游戏……室内有那么多五光十色的东西，牢牢吸引住了孩子。

相比我们在大自然中无忧无虑的丰富童年，现在的孩子变得越来越宅。那么，怎么玩，才能让孩子感受到大自然的吸引力呢？

一、摸一摸，找到专属于我的树

"宝贝，这里有好多树，你能发现它们有什么不一样吗？"

我们置身于公园中的一片树林，眼前是好大一片树，高矮粗细差不多。我女儿向四周看看，迟疑地摇了摇头。

"我有一个魔法，能让你找出专属于你的、特别的树！"我神秘地说。

"这么多树，怎么找？"孩子的好奇心被吊了起来。

"闭上眼你就知道了！"我看着她闭上眼睛，然后得意地从袋子里取出魔法道具——眼罩。

"蒙着眼找树？"她睁开眼睛，吓了一跳。

"对！就是这样。"

我告诉孩子："我给你带上眼罩，把你的眼睛蒙上，然后把你带到一棵树前面。当然，我会保证你一路的安全。你要用你的双手仔细触摸那棵树，也可以蹲下来摸一下地面。记住那棵树的特点后告诉我，我们再回到出发点，之后你再去找那棵树。"

"我能找到吗?"她不敢相信。

"相信你自己,你有这样的能力!"

我帮孩子带上眼罩,确认她没有偷看的可能,然后我们就出发了!往哪儿走呢?我看中了前方的一棵树,于是我让孩子在原地转了几个圈,然后带着她迂回地从旁边走了过去。

一路上,我用双手托着她的胳膊,带着她慢慢地向前移动,同时留意不让她撞到别的树。她伸出双手,一副很紧张的样子。其实,看起来很平整的地面,蒙上眼睛之后,也能感受到地面的细微起伏。

终于走到了我看中的那棵树前,我拍拍她的肩膀,示意她停下来,然后把她的手搭在眼前的树上。

孩子伸出双手,开始仔细地抚摸这棵看上去很平常的树。她上摸摸,下摸摸,左摸摸,右摸摸,刚开始还念叨着"没有什么呀",后来就叫起来了:"原来这里有一个突起,这里,这里有一个……"她蹲了下来,在地上抚摸,发现了几棵草,就更高兴了。

我提醒她:"你可以抱抱树哦。"于是她认真地拥抱了这棵树,感受它的粗细。我悄悄地拍了张照片,她的神情是那么专注而投入。

最后,她心满意足地告诉我:"可以啦。"

我重新托着她的胳膊向回走,当然,又转了好几个圈圈才转回到原地,还在原地又旋转了好几圈。说实话,我都记不得是哪棵树了。

我把孩子的眼罩轻轻拿下来,提醒她,闭一会儿眼睛再睁开。因为眼睛猛一睁开,不适应强光,会受到伤害。

等眼睛一适应光线,她就迫不及待地四下寻找了起来。

"哪棵是我的树?哪里?"我仿佛听到了她心里那个焦急的小声音。

我的心里也没有把握,万一她没找到,会不会哭呢?

孩子在树林里左看看，右找找，摸摸树干，抱一抱。"这棵树节疤的位置不太对。""这棵没那么粗……"

终于，她激动地抱住了一棵树，上下摸起来："这个突起的位置，还有这个节，对了，树下的草，还有石头的位置，都是一样的……"

她退后几步，然后又上去抱住了那棵树："就是这棵，这是我的树！"

整个森林在她的眼前变得明亮起来，森林不再是刚才那片森林。

每棵看似相同的树，原来都有自己的特点，都是独一无二的，每个孩子也是这样。

接下来是我们角色互换的环节。我蒙上了眼睛，孩子带着我七绕八绕，找到了一棵树。被蒙上眼睛之后，我实在是胆怯，每一步都走得很小心。我不时提醒她，走慢一点，同时我也理解了她刚才的心情。当然，孩子也挺照顾我，看到我胆小就有意放慢了步伐。

找到目标之后，我仔细地抚摸了那棵树，并且记住了特点，信心满满地回到原地。但是，当我凭着印象寻找，却发现怎么也找不到我的那棵树了！我失落地找来找去，都快要放弃了，怎么就找不到呢？孩子一直在旁边用同情的眼光看着我，最后终于忍不住，提醒我："在出发点这边找找！"

原来，我一直凭模糊的印象在远处寻找，其实我的树近在眼前！这给我上了深刻而生动的一课。

当眼睛这个常用的感官关闭时，其他的感官就会变得敏感起来。在这个游戏中，我们主要打开了触觉感官。所以，即使每棵树的外表看上去相似，但是当我们伸手去触摸时，那些小小的特点就会被放大。原来我们身体的潜力，远远比我们想象的要大！

在这个游戏中，由于是蒙眼行走，我们对地面变化的感受也特别敏感。因此，不管是孩子还是家长，行走的时候会分外小心，分外地依赖带领自己的人。这时相互的信任就更加重要了，亲子间的联系就这样加深了。

二、听一听，大自然的音乐会

"来，坐在草地上，闭上眼睛吧。"

"干什么呢？"

"我们来听听大自然的音乐会。"

"谁演奏的呢？"

"这个需要你来辨别。我们每个人都捏紧拳头，然后，每听到一种声音，就伸开一根手指。"

"啊，这个好像有点难啊，不过我一定会赢！"

当我们安静下来，会听到什么声音呢？左边，风吹过树叶，发出轻轻的沙沙声。身后的远处，一只鸟儿发出吱溜溜的叫声，同时，右边的喜鹊发出喳喳的叫声……

我默默地数，伸开了一个手指，又一个手指。

过了三分钟，我轻轻说道："可以睁开眼睛了。你听到了几种声音？"

她举着手："四种！"

"妈妈也听到了四种，我们来说说听到了什么吧。"

"我听到了小鸟的声音,有的是'啊啊',有的是'叽叽喳喳',还有的是'咕咕',不过有点记不清了。"她伸出手比画着,脸上浮现出笑容。

"妈妈还听到了风吹过树叶的声音呢,你听到了吗?"

"啊,没注意呢,风也有声音?我还要再听一下。"

于是游戏继续进行,这次又有了新的不同的声音。"我听到了风吹过的声音,从左边开始,慢慢传到右边。还有很响的声音,好像是树枝掉下来了!"

我们热烈地分享着彼此的发现,原来每个人听到的也不完全一样呢。

"要不,我们把音乐会画下来吧。"

"音乐会怎么画呢?"

"用你的方式画就可以呀,每一种声音都可以随意表达哦!"

我们把听到的声音画了下来。比如风,她用的是几条曲线,而对于鸟儿的叫声,她画了鸟儿,有大的,有小的,还画了几个音符。想不到的是,她还画了一个小女孩,坐在草地上,周边是各种自然的声音。多么难忘的一个傍晚!

就这样,我们的听觉越来越敏锐,专注力也得到了提升。走在大自然中,她不时会惊喜地说:"听,这边有两只小鸟在唱歌,那边树丛中好像是啄木鸟的声音哦……"

三、找一找,大自然里宝贝多

"今天我们一起去大自然里寻宝吧!"

"上次不是找过了吗?我还发现了小蜗牛呢。"

"这次的任务特别有挑战性,你不一定能完成呢!"

"谁说的?我肯定能完成,我是寻宝小能手!"

大自然就是一个大宝库。我们经常玩的一个游戏,就是寻宝。寻什么呢?

孩子上小学前以自由探索为主，上小学后，我会设计一些任务，用九宫格的方式列出九个任务线索，找到一个就可以在旁边注上答案。

完成任务后，我们会给寻宝小能手颁奖——其实只是一张卡片，但也会让孩子很有成就感。

好，现在看我们这次的任务吧！这是一个适用于很多季节的任务单：找叶子，一共九个任务。

第一个任务是找色彩鲜艳的叶子，这不是很好找吗？

虽然叶子没有变红，满眼都是绿色，但是孩子马上就叫了起来："看这些叶子，绿得好鲜艳，这不就是鲜艳的叶子吗？"确实是哦。

不过我也要一起找，所以我也分享了一种："我找到了红色的叶子，也很鲜艳哦。"

第二个任务是找同一片叶子上有好几种颜色的叶子。孩子会找到哪一种，我心里没数，但我相信，肯定有这样的叶子。

一会儿她就找到了："刚刚长出来的叶子，有一点红，还有一些变成了绿色，是不是一片叶子上有好几种颜色？"

没错，我赶紧鼓励她："观察得很仔细呀，真是寻宝小能手。"

继续，第三个任务，找正面和背面颜色不一样的叶子。

叶子的两面颜色不一样吗？孩子好奇地翻看着："叶子的正面颜色深，背面颜色浅，好几种树都是这样的……"

"为什么会这样呢？"我趁机提问。

"因为叶子的正面向着太阳吧！"

"为什么向着太阳的面颜色就会深呢？叶子的颜色深，是因为里面有什么呢？"我接着问下去，就引出了光合作用，叶绿素的分布，也引发了孩子对知识的好奇心。

当然，不光是寻找不同颜色的叶子，我们还有用触觉和嗅觉来完成的任务。找摸起来很光滑的叶子，摸起来很粗糙的叶子，两面摸起来不一样的叶子，闻起来有气味的叶子……

在寻找的过程中，我经常会听到惊奇的叫声："呀，好扎呀，哈哈！""这个叶子有香气，这个叶子臭臭的！"

任务单中还有发挥想象力的任务。这次是"最像叶子但不是叶子的东西"，我们会找到什么呢？

我找到了一个果实，看起来好像叶子呀。

孩子跑到我面前，兴奋地拉着我让我过去看："快来快来，我找的你一定想不到！"

我好奇地跟着走过去。她神秘地指着树上的一片叶子，说："你看，阳光照射下来，这片叶子的影子落在地上，是不是很像一片叶子，但又不是一片叶子？"呀，真的是呢！

我非常受触动，和她一起静静地欣赏着阳光下的那片叶子和它的影子。这时一只黄色的蝴蝶飞了过来，落在旁边的石头上，向着这片叶子轻轻地扇动翅膀，好像在致意。它也好像一片叶子呀，是在为另一个生命唱一首送别的歌曲吗？那一瞬间，成为我们生命中重要而美好的回忆。

我们还经常在冬天的大自然里寻找"最温暖的东西",那是阳光,是金黄的草,是鸟窝……

每次寻宝,既可以提升孩子的观察能力、探索能力,也可以激发孩子的想象力。而且寻宝的过程中永远都有无穷的乐趣,孩子非常喜欢。

叶子任务单		
色彩鲜艳的叶子	同一片叶子上有好几种颜色的叶子	正面和背面颜色不一样的叶子
光滑的叶子	粗糙的叶子	两面摸起来不一样的叶子
有气味的叶子	有洞洞的叶子	像叶子而不是叶子的东西

寻宝任务单		
边缘有锯齿的叶子	花朵或花芽	圆圆的果实
鸟叫的声音	会飞的虫子	摸上去很扎的东西
闻上去有气味的东西	小动物的痕迹	让你感到温暖(凉快)的东西

带孩子走出家门,不仅可以用这些方法,我们还可以想到更多的方式让他们体验大自然。比如玩蒙眼毛毛虫的游戏:几个人蒙上眼睛,搭着肩膀,由一个没有蒙眼的人领着走过山坡,睁开眼看到的是一处想不到的风景。再如,不时把孩子拉到山里进行拉练、露营,既可以欣赏美丽的景色,开阔心胸,又可以在行走中拓展体能,磨炼意志,还可以让孩子走出舒适区,锻炼他们适应环境的能力。

还有很多创造性的游戏。比如,挖一些土,加上水和成泥,然后在树上做出一个脸,用捡来的果实和叶子做头发和五官,一个活泼可爱的树精灵就出现啦。再如，用捡来的叶子做成风铃挂在树枝上。而利用不同的色彩，直接以大地为布，就可以创作出特别的大地艺术作品。孩子的想象力和创造力就这样被激发了！

不同的天气可以有不同的体验。下雨了，穿上雨衣去踩水洼，或是看雨滴如何从叶子上顺着"滑梯"滑下来；下雪了，在雪地里快乐地奔跑，或是打个雪仗。还要适应不同的路面变化。孩子们特别喜欢爬坡过坎，人类天然喜欢登高望远，这是亲生物性的基因决定的。在运动中，孩子的感觉统合能力与协调能力也会得到充分的锻炼与发展。

每一个季节，大自然中都有很多好玩的东西。只要带孩子多出去探索和发现，孩子就不会总爱宅在家里了！

野兔
微博认证教育博主等
@自然里的课堂

对外经济贸易大学法律硕士，中级自然体验师，风之歌自然教育联合创始人，开展自然体验活动5年多，已带领1000余人走进自然。擅长以游戏、观察等方式组织自然体验活动。创作的童话曾发表于多个刊物，并入选中国年度童话，音频故事收听人次超过30万。

孩子爱吃零食怎么办？

我和小曼相识于朋友的聚会。那次聚会上，有位朋友提到她的父亲有糖尿病，问我糖尿病患者平时应该怎么吃，我介绍了一些饮食原则。聚会结束时，小曼热情地拉着我说："你有没有空？有空的话，我们再找一个地方聊一聊。"

我们又找了家咖啡厅，小曼向我倾诉了她的小烦恼。

一、家长要对零食有合理的管控

因为工作繁忙，小曼的儿子小清3岁之后一直在老家，由爷爷奶奶照顾。最近要上小学，为了让孩子接受更好的教育，小曼将儿子接到身边。小曼和先生的上下班时间都不能保证每天按时接送孩子上下学，所以请小清的奶奶过来照顾。孩子回到小曼身边，能天天见面，本来是很开心的事，但相处一段时间后，小曼发现孩子的不少习惯，以及老人的教育观念，都和她的教育理念不相符，其中最严重的就是对孩子吃零食的态度。

小清以前在老家的时候，爷爷奶奶经常在家附近的小卖部买零食给他吃，也从未对孩子吃零食做过限制，使孩子养成了零食不离嘴，正餐不好好吃的习惯。孩子刚回到小曼身边时，小曼虽然对孩子吃零食有所不满，但没有严格限制。

有一天夜里，小清突然牙痛，哇哇大哭，全家一夜都没睡好觉，第二天赶紧带他去口腔诊所做了处理。一气之下，小曼把小清的零食全都停掉了。本来以为这样的"铁拳"政策会收到比较好的效果，没想到又引出了新问题。

有一天小曼下班，一回到家就听到小清的奶奶很生气地对她说："天天讲健康，把孩子都憋坏了！"小曼一问，原来是放学后，奶奶带小清在小区里玩，无意中发现小清在捡其他孩子掉在地上的糖果吃！

小曼很苦恼地对我说："管也不是，不管也不是，到底怎样才能让孩子戒掉零食呢？"

我说："家长自己首先要放下'戒掉零食'这个念头。"

家长对待零食的态度有两个极端。一种是对零食持完全否定态度，视零食为洪水猛兽，孩子除了正餐，平时很难接触到零食。另一种是对零食不做把控，把零食当作哄孩子的工具。孩子哭了，买零食哄；孩子吵闹，耽误大人做事，大人给点零花钱让孩子去小卖部买些零食，孩子可以很长时间不来打扰大人。其实，这两种态度都不可取。

小朋友的胃容量比较小，一餐吃不了太多，而他们正处在生长发育期，如果按体重来平均，孩子每公斤体重所需要的能量和营养是远高于成年人的。所以在幼儿时期，幼儿园一般都采取"三餐两点制"，即三顿正餐，两顿加餐。上小学后虽然以三餐为主，但用零食来合理地补充营养，是完全没问题的。

除了可以补充营养，零食也可以舒缓心情。我问小曼："你坐在装修精致的餐厅,吃着赏心悦目、味道又好的美食,是不是也会觉得更舒服、心情更佳呢?"

小曼笑了起来,说:"那倒是。"

我说:"孩子也一样。心理学家发现,在手拿零食的时候,零食会通过视觉和手的触觉将一种美好、松弛的感受传递给大脑,令大脑产生一种慰藉感,这种感觉有利于减轻人内心的焦虑和紧张。更何况现在商家在零食的色彩、形状和口味的开发方面绞尽脑汁,小朋友更是很难抵抗这种诱惑。"

妈妈们要先放下自己的心理包袱,不要把零食当作洪水猛兽。当然,完全不做管控也不行。零食对身体是有益还是有害,要看食物怎么选,以及零食的量如何安排。很多家长认为糖果、冰激凌、薯片、饼干、爆米花这些才是零食。事实上,只要是非正餐时间食用的各种少量的食物或者饮料,都叫零食。我们完全可以在两餐之间安排一些便于携带又对身体有益的食物,作为正餐的补充。

二、在家庭中设立零食分级

小曼听后若有所思地继续问道:"那该怎么安排零食呢?"

我给她建议:"你可以在家庭中设立零食分级,把零食分成三大类。第一类为可以天天吃的零食,第二类为可以适量吃的零食,第三类为可以偶尔吃的零食。在食品柜和冰箱中专门设一个"零食区",零食区里各类零食的比例,按第一类:第二类:第三类约为 6:3:1 来安排。小朋友想吃零食,打开食品柜或者冰箱看到的大多是健康零食,这样既可以满足孩子想吃零食的需求,又可以在潜移默化之中改变孩子的选择习惯。"

小曼听到这里眼睛一亮,说:"你能发个分级的零食清单给我吗?我按照清单买。"

我笑着说:"授人以鱼不如授人以渔,零食新品种层出不穷,我把选择方法告诉你,你以后面对任何零食就都知道如何归类啦。"说到这里,我站起身说:"来,我们别坐着聊了,一起去楼下的超市逛逛,去食品区实地边看边聊。"

三、优质零食如何选?

我们来到超市食品区,我告诉小曼:"新鲜水果、奶类和原味坚果,属于第一类,可以天天吃的零食。这类食物本身营养丰富,并且没有经过深度加工,基本保持天然的营养结构,是零食选择的第一梯队。"

到了水果区,小曼问我:"小朋友吃多了甜水果,是不是和吃糖果一样,对身体也不好?"

我说:"水果虽然含糖,但这些糖被包裹在膳食纤维中,被吸收入血液的速度比较慢,不会造成血糖的迅速升高,所以和吃纯糖果还是不一样的。水果中含有丰富的维生素、矿物质和膳食纤维,对孩子的营养摄入是很有益的补充,可以天天吃。只是不要吃得太多,影响正餐的摄入量,因为水果普遍缺乏蛋白质。蛋白质对儿童的生长发育至关重要,像小清,一天一个中等大小的苹果的摄入量就可以了。"

"那果汁呢?我可不可以把水果打成汁来替代水果?"小曼问。

我说:"水果打成汁之后,营养结构发生了改变,是归入第二类零食的。这个到了果汁区我再和你说。"

到了奶制品区,我告诉小曼:"牛奶含有优质蛋白、钙以及几乎所有的维生素,对孩子的生长发育好处多多,无论是学龄期的孩子,还是成人,每天坚持喝 300ml 的奶,对身体是很有好处的。"

小曼拿起一盒"谷物牛奶"说:"我有时会买这种奶给小清当早餐喝,谷物和牛奶一次性都能补充。"

我告诉她:"这种不是真正的牛奶。你看,它的名称后面有'饮品'两个字,这说明它的属性是'饮料',里面的主要成分其实是水。选购牛奶时,一定要认准产品名称中'纯牛奶'或者'鲜牛奶'的字样。如果包装上有'饮料'两个字,它就不属于真正的牛奶或奶制品。

"除了鲜牛奶和纯牛奶,酸奶也是不错的选择。酸奶的营养价值和纯牛奶、鲜牛奶相当,部分维生素含量甚至更高,只要不选含糖量太高的品种就可以。"

"酸奶的含糖量从哪儿看呢?"小曼问。

"看食品标签。"我指着小曼手中的谷物牛奶说,"食品标签上会反映食品的信息,你学会了看食品标签,第二类、第三类零食就都会选择了。

"看食品标签,首先要看产品名称,它能反映食品的真实属性。比如,纯牛奶和乳饮料其实是两种食品,但光看包装图片,我们很容易混淆。

"其次要看配料表。配料表中的配料,按规定是按使用量从高到低排列的,这一点非常有助于我们判断食品中的主要配料到底是什么。比如,有些咖啡饮料,主要成分其实是植脂末和白砂糖,咖啡的含量很少。

"再次要看营养标签。营养标签以表格形式呈现,上面标了食品的营养信息。其中必须标出的项目是能量、蛋白质、脂肪、碳水化合物和钠的含量,其他营养成分由厂家自愿选择是否标识。所以,从营养标签上我们就能看出含糖量,也就是碳水化合物的含量。"

小曼拿起一盒纯牛奶和一盒饮料,按照我说的方法,将两者对比看了一遍,说:"你看同样是 100 克的重量,纯牛奶的蛋白质含量是 3.2 克,牛奶饮品的蛋白质含量只有 1.2 克,相差好大。"

"对,还有配料表,你看有什么不同?"我问。

"纯牛奶的主要配料是生牛乳,牛奶饮品的配料排第一位的是水,里面还额外加了糖!"小曼回答。

"是的,所以不管包装多么相似,只要把产品名称、配料表和营养成分表看清楚,就不会选错。

"同样,选择坚果时也要看食品标签。坚果富含优质脂肪、矿物质和维生素,但因为滋味平淡,很多厂家加工时会加比较多的糖或者盐。我们要优先选原味坚果,原味坚果配料表中没有糖或盐,只有坚果本身。

"坚果虽然营养丰富,但因为脂肪含量和能量很高,所以每天不宜吃太多。每天10克左右,也就是两三个剥皮核桃的量,就可以取其利,避其害。"

"那第二类零食都有哪些呢?"小曼对第一类零食的选择已经了然于胸,迫不及待地想知道第二类零食的情况。

"第二类零食含有一部分营养素,但添加了一定量的油、糖、盐等,或者在加工过程中本身含的糖被浓缩了。可以每周吃1~2次,适量食用。"我说。

"比如,无油无糖的冻干果蔬脆片、无添加的水果干、100%果蔬汁、巧克力、肉干/肉脯,以及一部分低糖低油的糕点、低糖的饮料等,都属于第二类零食。"

"那我现场检验下刚才的学习成果,看能不能把这些零食都找出来。"小曼开玩笑说。

小曼在水果制品区很快找到了冻干型的水果脆,因为包装上面有大大的"冻干型"几个字。我又找来另一包水果干,让她看看两者有什么不一样。

小曼看了看说:"哈哈,我知道了,一个配料表中只有水果,一个配料表中还有油,加了油的水果干脂肪含量好高啊!"

"是的,同样的原料,因为工艺不一样,最终成品可能就很不一样。冻干型果蔬脆片去除了蔬菜水果中的水分(新鲜蔬菜水果中80%~90%是水），矿物质和膳食纤维都得到了保存，维生素也较大程度地得到了保留。它无法完全替代水果，但作为风味零食是很不错的选择。另外一包是油炸型果蔬脆，加工过程中水果片吸进了大量的油，不建议食用。"

水果干找得也很顺利。柿饼、葡萄干、红枣干等都属于无添加的果干，由天然水果烘干制成。在加工的过程中，维生素破坏较大，但矿物质得到了浓缩。水果干都比较甜，可以作为糖果、甜点的替代品适量食用，也可以作为自制酸奶沙拉、面包、馒头的甜味来源。

在找果蔬汁的时候，面对琳琅满目的果汁，小曼有点傻眼了，这些果汁有什么区别呢？

我找出了两种100%果汁，一种是非浓缩还原果汁，简称NFC果汁。它是用新鲜水果榨汁后，灭菌、包装制成，加工过程中不加糖、水、防腐剂和任何调味剂，它的营养成分最接近自制鲜榨果汁，保留了水果中相当一部分维生素和矿物质。

还有一种是复原果汁。新鲜水果榨汁后，通过浓缩去掉50%左右的水分，以便于运输和保存。需要生产果汁时，再兑入适量比例的水，就制成了100%复原果汁。进口果汁因为原料要长途运输，所以大多是复原果汁。复原果汁的维生素损失会比非浓缩还原果汁稍大一点。

我告诉小曼，100%果汁可以归入第二类零食，适量食用。

接着我回答了小曼之前的一个疑问：为什么果汁不能像水果一样天天食用？果汁虽然是由天然水果加工而成，并且可以无任何添加，但天然水果被做成果汁后，营养特点发生了改变。一是维生素和植物化合物会有损失，二是膳食纤维被去掉了。去掉膳食纤维之后，水果中的糖就像甜饮料中的糖一样，会无任何阻挡地快速进入血液，迅速升高人的血糖，加重胰脏负担。一瓶NFC橙汁的含糖量约为10%，这个比例和碳酸饮料的含糖量是差不多的。

选巧克力时，小曼选了配料表中有天然可可脂的，摒弃了有代可可脂的。我向她竖起了大拇指。在糕点区，小曼选了一款低糖蛋糕，我又给小曼总结了一下选择糕点的原则。

（1）优先选不带馅料的糕点。馅料制作过程中，往往要加入大量的糖和油，如月饼、枣泥酥等。一个豆沙月饼，咬一口下去，有一半是精制糖。

（2）少选酥皮糕点。制作酥皮的过程中，要在面皮中融入大量油，一层面皮刷一层油，层层叠叠，才能做成层层酥的口感。如蛋挞的蛋皮，面皮和黄油的比例已经接近1:1了，一口蛋皮半口油。

（3）少选油炸糕点。油炸糕点含油量很高，如麻花，每100克麻花有500卡路里的能量，且脂肪含量高达30%。

（4）少选加奶油的糕点，如蛋糕，优选不带奶油的蛋糕。点心里加的奶油很多由植物奶油打发制成。植物奶油不是真正的奶油，是将豆油等植物油进行氢化处理后得到的，可能含有反式脂肪酸，即使改进了氢化的工艺，反式脂肪酸含量降到很低，仍然会产生饱和脂肪酸。这两种脂肪酸都会影响到人们心血管的健康。

（5）少选使用了氢化植物油的糕点。即使没有加奶油，很多糕点的制作过程中仍然需要用油，仍有可能使用氢化植物油。带糖馅的、酥皮的、油炸的、有反式脂肪酸的，都只能归入第三类，作为偶尔食用的零食。

路过饮料区的时候，小曼问："饮料有哪些可以归入第二类的呢？"

有些饮料添加了牛奶、果汁，添加糖的比例也不高，可以适量饮用，如部分乳饮料和植物蛋白饮料。各种谷物牛奶、早餐奶、果味奶、酸酸乳、优酸乳等都属于乳饮料，豆奶属于植物蛋白饮料。果汁含量达到30%左右的果汁饮料都可以适量饮用，一周饮用量不超过2次。

"那第三类零食,应该就是薯片、爆米花之类的吧?"小曼问。

"哈哈,学得很快。是的,糖果、薯片、虾片,各种蜜饯、果脯,各种高油、高糖的糕点,火腿肠,以及碳酸饮料和其他高糖饮料,都属于第三类零食,只能偶尔食用。"

这一类零食,占了高能量、高脂肪、高糖或高盐的一项或数项,并且几乎不含其他营养素。经常食用这样的零食会导致儿童超重与肥胖,甚至增加得其他慢性病的风险。食用频率每周不超过1次,不食用更佳。另外,吃完第一类零食中的酸奶,以及第二类和第三类零食后要及时漱口或刷牙,这样可以最大限度地预防龋齿。

最后我建议:"你还可以自己做些零食给小清吃,如鲜榨果汁、绿豆汤、玉米汁、烤红薯、煮玉米、蒸芋头,有时间都可以自己做。"

边聊边选,在超市待了两个多小时,小曼提着一堆食品回家了。过了一个多月，她高兴地打电话向我道谢。她说，孩子对零食不那么执拗了。通过合理搭配，既满足了孩子想吃零食的心情，又保证了营养，现在再也没有吃零食的困扰啦。

陈雅云
@注册营养师陈雅云

硕士毕业于中山大学医学院，注册营养师，中国营养学会会员，健康管理师，广东省健康管理师考评员。2016年"健康中国"广东营养讲师大赛评委，2019年深圳市首届健康管理师职业技能竞赛评委。有10余年的营养和健康教育经验，讲授相关课程及科普讲座数百场，微博访问量达数百万人次。现任深圳市健康产业协会健康管理人才专业委员会常务副主任。

孩子拖拉磨蹭怎么办？

"太磨蹭，真烦人，我看到你就够够的！"幼儿园门口，一位妈妈正狠狠地教训着孩子，并很用力地把孩子从车上扯下来。孩子低着头跟着妈妈往前走，一不小心还摔了一跤。妈妈刚要发火，看着身边来来往往送孩子上学的家长，忍住没说出口，快速扯着孩子进了教室。

我也赶紧把孩子送进教室，一溜小跑赶去跟先生会合。上车后，先生一边开车一边问我："孩子今天赶上饭了吧？不知道前两天吃到饭了没有。"

我翻着手中的文件，漫不经心地说："吃肯定是吃了，老师肯定会管，但饭肯定凉了。"先生说："明天你还是早点把他喊起来吧。"

我把文件往腿上一摔，转头怒视着他，心里想的是，为什么又是我？难道你不知道自己儿子拖拉磨蹭到什么地步吗？你行你上啊！

一、你家也有个小磨蹭吗？

我儿子，小小钱，今年上幼儿园中班，曾是一个踹一脚挪一步的人。

每天早上我喊他起床，他先是慢腾腾地坐起来，然后睡眼惺忪地问我："妈妈，还有几天放假啊？"我一边麻利地给他换衣服，一边应付地回话，然后催着他赶紧下床洗漱。

手机里传来未读消息，等我处理完，转头发现他还趴在床上摆弄玩具，我就气不打一处来。"快点去洗漱，洗漱完赶紧吃饭，吃完饭好上学。"

他拖着好像刚跑完马拉松似的"小沉腿"往洗漱间门口挪，等我走进去看的时候，发现他正捧着水玩，脸没洗，洗手液也没打。我说："你干吗呢？还吃不吃饭了，这都几点了！"他抬头瞅瞅我，没说话。"赶紧洗脸吃饭！"我生气地说。

"好的，妈妈。"

听听，答应得干净利索，可等我把粥盛完了去看他，他俩小手正在玩洗手液，玩得不亦乐乎。

我赶紧拽过他的手给他冲洗完，脸也随便抹了一把，拽着他往餐椅上拉，一手拽过他的左手让他扶住碗，一手握住他的右手让他抓紧勺子。"赶紧吃，吃完了赶紧走。"

他瞪着无辜的大眼睛，问我："妈妈，你是不是生气了？"

我说："没有，快吃吧。"他就跟拿了特赦令似的，立马开心起来，一会儿考爷爷一道算术题，一会儿问奶奶一个不知道打哪儿听来的十万个为什么。

我瞅着钟表已经7点50分了，赶紧喊他："别吃了，去幼儿园吃吧，赶紧过来换鞋、穿衣服、戴口罩。"

"好的，妈妈。"结果他费了半天劲也蹬不进鞋去，奶奶说给他穿外套他还不乐意，非得等着我。磨磨蹭蹭都快8点了，先生打来电话催我们赶紧下楼。

这大概是每个上学的早晨我们必演的一幕剧。本来刚刚这一幕已经让我很恼火，结果现在又被先生指出要"整改"，我就更生气了。要是那么好解决，我能到今天还没搞定吗？我拿起手中的文件继续翻着，一边想着一会儿早会的发言，一边想着怎么把孩子这磨蹭的毛病给治治。

说到孩子拖拉磨蹭，真是千百个孩子无一不磨，只是表现不同罢了。

有一次幼儿园组织出游活动，正好全班的家长都聚齐了，大家闲聊时唠到"磨蹭"的问题。

玥玥妈说：每次让她写俩字，她就坐在桌前玩，不是玩手，就是玩橡皮擦，要不就是没话找话，还说不出具体什么事儿。一会儿又说想上厕所，或是困了、渴了，总之就是各种事。

橙橙妈说：我给她买了几个课：一个数学、一个英语、一个认字。每个课程都特别简单，10分钟就能学完，只看或听就行，需要讲话和做题的部分最多不超过2分钟。结果每次让她学，她就开始嘟囔："认字不好做，先做数学吧！"然后拿出数学看一看，又小声嘀咕："数学题太多了，要不先用点读笔读英语吧！"就这么磨磨蹭蹭半天，哪个也没学完。

其他家长也特别有共鸣，大家都觉得这事儿好像比任何工作难题都难搞。工作问题，原因要么是缺人，要么是缺钱，要么是缺资源，缺啥补啥就好，大不了可以多重测试，小步迭代。但是孩子的拖拉磨蹭问题，真的是花样百出，没有奇招，只有被气得没招。

二、孩子拖拉磨蹭的原因

大家聊起孩子是从什么时候开始拖拉磨蹭时，发现都是最近一两年的事。说起孩子拖拉磨蹭的原因，大家都能讲出不少。我总结了一下，一共分为两大类：一类是父母的原因，另一类是孩子自身的原因。

1. 父母的原因导致孩子拖拉

（1）受家长生活习惯影响。

有一段时间，我先生吃饭的时候总看手机，吃饭很慢，那段时间孩子吃饭就开始磨蹭，半天吃不完。有时候我工作特别忙，但又得哄孩子睡觉，于是就拿着手机在他身边边哄他边工作，结果他一会儿凑过来跟我说句话，一会儿问我个问题，折腾半个多小时还不睡。

（2）受家长干预方式影响。

大家发现，老人常用的哄、骗、收买的方式，肯定没效果，但妈妈常用的催、训、吼的方式，也只是当时起效，过后立马失效。如果家长在孩子做某件事前都替孩子提前铺垫好，就会给孩子一种坐享其成的错觉，孩子没有自主性，就没有探求和完成的欲望。

2. 孩子自身原因

（1）性格问题。

大家讨论后发现，不同性格的孩子，拖拉磨蹭的情况也不一样。比如，有一种孩子，一旦发现生活不受自己控制，不能自己做主，就不想做了，怎么喊也不响应，开始各种磨蹭；还有一种孩子特别害怕失败，还没开始做，就担心做不成，所以拖着不做；最后一种也是大家发现得最多的，就是孩子本身对自己没要求，不知道什么时候应该快点，不知道多快算快。

（2）能力问题。

像一些学习类的事情，如果孩子掌握得不太好，就会拖着不去做，因为一旦做错了，就会被爸爸妈妈批评；即便不被批评，也得面对爸妈非常严肃的脸。孩子会有些怕，因此就拖着不做。尤其是幼儿园到小学低年级的孩子，理解能力、表达能力、动手能力都在发育阶段，孩子一跟不上课，或者学得不牢固，写作业就会拖拖拉拉。

（3）习惯问题。

家长都比较忙，经常工作到半夜才回家，周一到周五很少有时间照顾孩子，可能只能在每天早晨说说孩子，但也是忙着去上班，没有刻意去培养孩子的习惯。周末两天即便能好好教孩子，但缺少周一到周五的连贯性监督指导，孩子的好习惯没有坚持，所以坏毛病常常会反复。

三、解决孩子拖拉磨蹭问题的 3 个方法

妈妈们在讨论的过程中，也分享了一些小技巧。我自己也确实想解决孩子的拖拉磨蹭问题，所以在那次出游结束后，对这个问题进行了主题阅读和试验。后来总结发现，有 3 种方法比较见效，在此分享给大家。

1. 看得见：生活环境中让孩子更容易看见时间

以前孩子一进入洗漱间就能磨蹭半天，这可能是因为他在洗漱间是看不到时间的，所以我就在洗漱间挂了一个钟表，放在孩子能看得见且不容易进水的位置，和孩子说清楚做每件事最多用多长时间。

然后我在冰箱门上贴了一张纸，上面有这个月每天的计划安排，包括学习计划、健康计划等，给孩子一种时间预览的感觉，就像能够预先看到未来的样子。这样一来，他就更加有动力去做事了。最后我特意准备了一些他爱吃的东西放在冰箱，增加他去冰箱门前的次数。

此外，我还买了一个双面壁钟挂在家里，这样孩子不管是在客厅还是在餐厅，都能看到钟表，无形中增加了他看到时间的次数。

2. 说得准：多使用准确数字描述时间

过去我总说"你快点，赶紧的"，其实这根本不能让孩子感觉到时间紧迫，只是让孩子感觉妈好烦啊，一直在催催催。于是我换了一下说法："还有 3 分钟就到 7 点 50 分了，到时间我们就出门，不然就会吃不到热乎饭。"这样孩子就知道现在是几点,还有几分钟,为什么要快点。

如果是催孩子去睡觉,我就说:"9点之前洗漱完,妈妈给你讲故事20分钟,讲完你还可以自己玩10分钟,9点半咱们就睡觉,怎么样?"

3. 多估算:经常预估时间并记录实际使用时间

孩子对时间的敏感度不是一开始就有的,那他怎么知道一集动画片是7分钟的呢?因为他每次都想多看一集,就得特别去卡这个时间,他是通过一次次的估算而得来的。所以我们问他做一件事需要多长时间,如果他没有足够多的次数去估算,那他只能靠蒙。

训练孩子估算时间的能力,我用了两个方式。

(1)比赛谁猜得准。

比如,随便说一件事,妈妈和孩子分别估计完成所需要的时间,然后分别去做,看看最后谁的用时跟预估的时间更靠近。

最有意思的一次是孩子出题考爷爷奶奶,比如,我妈化妆一次一共需要多长时间?那次他回答的时间最准,我们都表扬了他,他就更爱玩这个游戏了。

(2)写下开始和结束的时间。

比如,要开始学习,就拿出一张纸写上现在几点,学完后再写上当下是几点,这样就能看出孩子学完一科用了多长时间。坚持这么做,孩子就会主动要求提速。比如,下图就是我儿子用"时间预估记录卡"完成的两幅作品(左图为9:13 — 9:24完成的"为漫画人物勾线",右图为11:40 — 12:04完成的一幅名为《海底》的画)。

在使用过程中，这3个方法并不是一直都很顺利的，最初会见效明显，中间会有一点反复，但从一整个月的效果来看，孩子大部分时间的表现都是麻利的。这套方法也分享给有同样苦恼的妈妈们，希望对你们有所帮助。

邱筝
微博认证职场博主等
@筝小钱

毕业于河北工业大学管理系，9年多工作经验，曾任久其软件云报表事业部运营推广经理、运营小咖秀运营总监。擅长沟通、时间管理，曾获微软听听文档认证讲师证书，曾为新东方、学而思网校、360、美团等知名互联网公司做培训分享，听课家长达上万人。创作大量原创博文、视频，访问量达百万人次。

孩子总是说谎怎么办？

如何正确地教育孩子，是为人父母的必修课。假如孩子不诚实，我们需要及时面对并且接纳，理解和尊重孩子的个体差异，帮助孩子适应在不同年龄段因认知发展不同所带来的一系列变化，逐步培养孩子知行合一的品质。

一、评判对错前，分清孩子是想象力强还是在说谎

在女儿1岁前，我就与她爸爸达成共识，有意识地训练孩子表达各种需求，培养她照顾自己的习惯。2岁前女儿虽然好动，却也能顺从大人的意愿，知道可以做什么，不可以做什么，很是乖巧听话。

2岁半上幼儿园时，女儿的新生期过得比较顺利，每天开开心心上学去，快快乐乐回家来。每次周五放学的时候，班主班老师会奖励班上表现好的孩子一枚小红花贴纸，并且贴在孩子们的眉心、肩膀或者手背上。我也总是把孩子带回家的小红花，一个挨一个地贴在家里电脑显示器的边缘，有时候也让她自己挑位置贴。

日积月累，绕着显示屏的就不是边框了，而是一个漂亮的花环。小家伙经常跑过来看看我，看着花花们，很有满足感。

女儿上小班时的一天傍晚，我带她到小区的儿童乐园玩，正好牛牛和小胖也在，三个小孩就一起玩。女儿捡起一片红色的冬青树叶，跑到我跟前说："妈妈你看，有红色的花，还有红色的叶子耶！"

小胖好奇地找了一圈，没有找到，就继续去玩滑梯了。

"这有什么，我在九寨沟见过七彩的树叶。"牛牛遍地看了一圈，也没有找到第二片红色的叶子，就捡起一根小树枝，挥舞着对滑梯上的小胖喊："小胖，你快下来！"

灵活的小胖如猴一样爬到了滑梯顶上,又哧溜一下滑下来,抢过女儿手里那片叶子,说道:"这片叶子好好看啊,像红宝石。"

牛牛说:"这有什么,我家里有一屋子的红宝石。"

"阿姨,牛牛在吹牛,他家没有一屋子红宝石!我才有一院子的奥特曼!"小胖不客气地揭发牛牛。

"真好呀,牛牛有好多好多红宝石,小胖有好多好多红色奥特曼。"我顺应着赞许两个小男生。

小胖得意地把红树叶还给了女儿。

牛牛也笑了,又玩了一遍滑梯,便满意地举着小树枝回家去了。

孩子的想象力非常丰富,经常语出惊人,我们几个大人在旁边也只是相视笑笑。

孩子在0~3岁时,通过反射感觉和动作与环境互动,来学习如何使用自己的身体。孩子与照料者正在建立最初的爱与信任,也开始理解外界信息并尝试表达自己的意图。如果把孩子们的各种想象与说谎混为一谈,去评判对错，对孩子是很不公平的。

二、"说谎"代表孩子需要家长帮忙解决问题

女儿上中班的一个周五的傍晚，我照例把买回来的菜择好，将炖好的汤热上，蒸的米饭也快熟了，然后回到电脑前，边处理文件，边等着丈夫把女儿接回家，再开始炒菜。

"妈妈，妈妈！"听到女儿的声音，我起身走到玄关，父女二人正在换鞋。"哎呀，真倒霉，今天没有小红花了！"女儿穿好拖鞋扑向我，拉着我的手抱怨着。现在的小孩子能说会道，但描述比较复杂的事情时表达得不够有条理，需要耐心倾听。

细听原委我才知道，孩子班上来了位新生活老师，午睡前铺床时，因为被子花纹类似，老师把女儿的小被子和邻床燕燕的放混了。女儿想去拽回自己的被子，而燕燕认为是老师放的，就肯定是她的，不让拿，两个孩子就拉扯起来了。

燕燕为了吸引老师注意，带着哭腔嚷嚷说我女儿打她，生活老师过来看情况，叫两个小姑娘先去上个洗手间再来睡午觉，女儿说不想上，结果在幼儿园破天荒地"画地图"了。生活老师要洗被子，就责备女儿不该抢小朋友的被子，说她明明有尿却不上厕所，不该撒谎。自然，冲这两条，奖励的小红花是得不到了。

听完女儿绘声绘色的讲述，我先表扬了孩子："真不错，能分清楚哪个是你的被子。"

我走到厨房开始炒菜，女儿也跟了过来，站在厨柜旁看我炒菜。我鼓励地问她："你是怎么知道老师弄错的呢？"

"我的被子有太阳的味道，像妈妈一样温暖。"孩子上前两步，从背后搂着我，给了我一个大大的拥抱，骄傲地回答。

"还有呢？"

"哎呀，妈妈你忘记了呀，被子上有我的名字呀！"

确实，我给女儿准备的被子，不光在温暖的阳光里晒过，还专门在被角缝上了印有孩子名字的小布条。

"那你怎么没把小布条给老师看呢？"

"嘿嘿！"女儿会意过来，不好意思地甩着小胳膊儿笑了。

"还有，想尿尿要记得跟老师报告哦，不要憋着，睡着了就忘记了哦！"我知道中午时，是因为孩子有情绪，不想说，才跟老师"撒谎"，又因为憋尿导致尿床。但只有理解规则，习惯守规则，学会正确地表达，方能树立孩子的自信。

"妈妈，我今天没有得到小红花，你会不会失望呀？"

"不会的，这次只是老师误会了你，下次好好跟老师说就可以。我们还会得很多很多小红花的。来，帮妈妈把筷子摆到饭桌上去，叫爸爸过来端汤。"

"好的，妈妈！"女儿的不开心被新的开心任务替代了。

对于3~6岁的孩子，家长需要鼓励孩子主动探索世界，解决问题，让孩子学着独立承担责任和后果，并且愿意主动从新的活动中探索新的方向。

三、理解孩子的愿望和心情，采取针对性的方法去解决问题

"妈妈，妈妈！"放学归来的女儿还没有进家门，就在门外像只小喜鹊似的，一声声地叫我。我闻声从厨房出来，走向门口，笑眯眯地看着她。女儿已经是幼儿园大班的孩子了，红扑扑的脸蛋，灵动的双眼，俏皮的小酒窝，怎么也看不够。

"宝贝，今天怎么这么开心啊？"我问道。

"妈妈，小明今天送了我一个好玩的玩具，你快看！"女儿从身后奶奶的手中接过小书包，掏出一个电动小猴，走到桌前，给小猴上足了发条，英格兰士兵打扮的小猴开始边转圈圈边打鼓，挺有意思的。

"哦？你是不是把静静的小猴子玩具带回来啦？我接你的时候怎么听见静静跟老师报告，说她的小猴子玩具不见了，你在旁边都没说话。"奶奶在旁边说道。显然奶奶去幼儿园接女儿时，并不知道女儿的小书包里有这个玩具。"你这个孩子人小鬼大，会撒谎了啊。"奶奶有点累了，一屁股坐在沙发上，开始批评她。

女儿低着头，摆弄着玩具，不理奶奶，自顾自地说："是小明给我的嘛！"

我把女儿带到洗手池边，陪她洗好脸和手，看着她仔细地擦干净，递给她半个削好皮的苹果，另外半个递给奶奶，然后问女儿："到底是怎么回事？跟妈妈说说看。"

女儿有点难为情，但还是抬起头认真地对我说："妈妈，在幼儿园的时候，我问静静借这个玩具玩，她不给我。小明去要，静静马上就给他玩了，她真是小气鬼，我再也不跟她玩了。"

"那后来呢？"我轻轻地抚摸着女儿柔软的头发问道。

女儿嘟着小嘴说："后来小明玩了一会儿，就还给静静啦，再后来老师要我们一起去隔壁教室排练舞蹈，小明就偷偷把玩具从桌子上拿走，塞到我书包里了，叫我不要告诉别人。反正我一点也不喜欢静静，但这个小猴子我还是蛮喜欢的。"

"原来是这样啊。"我蹲下来，拍了拍女儿的肩膀，说："你喜欢这个小猴子，对吗？"

"嗯，是的，妈妈！"

"这个毕竟不是咱们的。"我指了指小猴子，"明天早晨带到幼儿园还给静静。还有，明天要继续加油练习舞蹈哟，周末妈妈带你去商场挑一个新的玩具，作为你参加汇演的奖励。咱不能要别人的东西，对吧？"

"谢谢妈妈！"女儿的眼睛亮晶晶的。

幼儿的谎言大部分来自愿望、游戏和无知。像我女儿，知道玩具是静静的，却强调说是小明给她的，是出于辩解，不属于真正的谎言。

当我们理解了孩子的愿望和心情后，就可以采取和孩子们心理状态相符的方式去解决问题了。

郑华
微博认证健康博主等
@佳人姐姐

毕业于湖北大学经济管理系，曾负责支付宝运营方面的工作。20年人力资源工作经验，10年家政老师工作经验，国家二级心理咨询师。喜欢孩子，爱好广泛。个人博客访问量达千万人次，主持的"生活百科"超话访问量逾10亿。

孩子总是叛逆怎么办?

"弟弟,你好可爱呀,嘻嘻。"棉棉一边轻轻捏着弟弟的脸,一边哈哈笑。弟弟还不会说话,成功被她逗笑,不停地挥舞着双臂。两个人在我面前爬来爬去,一会儿抱在一起,"打斗"一番,一会儿各自玩耍,互不干扰。

我边和闺蜜聊着天,边时不时看向他们。闺蜜不由得发出感叹:"他们两个相差两岁半,居然相处得这么好,你简直太有福气了,拥有两个天使宝宝啊。"

我长舒一口气,摇摇头。眼前确实一片母慈子孝、其乐融融的好时景,可谁能想到曾经的棉棉差点把我折磨疯呢:"抗拒刷牙、吃饭,大哭尖叫、撒泼自虐,不管大人说什么她都不听,都要和大人对着干。"

一、找到"叛逆"的原因,保护孩子脆弱的情绪

这个嘴里总说着"不要不要"的"小恶魔"是如何转变的呢?

回想这一年，我真是百感交集。发现棉棉开始叛逆是在她两岁时，尽管提前了解了"Terrible Two（可怕的 2 岁）"，也认为自己做好了准备，但到了这个阶段，还是让我们猝不及防，手忙脚乱。

哭，几乎成为棉棉的常态。电视节目没及时更换，哭；玩具没及时拿到，哭；不管什么东西，只要掉地上了，哭。有一天我正洗着衣服，棉棉独自在客厅玩积木。"哇……啊啊啊啊啊啊……"我的天，她又哭了。

我两步跨到客厅，手也没擦，连忙关心地问："怎么了，棉棉，你怎么又哭了啊？"地上，她的积木倒了一片，我甩了几下手，笑着说："是不是积木倒了？不要紧，我们把它重新搭好就可以了。"说着我着手帮她搭积木，谁知她并不领情，继续大哭，然后疯了似的拿着积木乱扔。乱扔东西怎么行！我急忙大声呵斥："棉棉，不可以！乱扔东西是不对的。"

"不要不要，我就要扔，我就要扔。"她哭得更厉害了。

就这样，我一边捡，她一边扔，我自顾自讲着道理，她持续大哭，最后我"赢"了，她没有继续扔，而我把积木收拾好才抱起了她，她逐渐停止了哭泣。

我和她爸爸经常商量应该怎样应对她的情绪，既然她是个急性子，第一，我们就及时地满足她；第二，我们告诉她要有耐心，要学会等待；第三，不能纵容她得不到满足就哭的毛病。然而，事情并没有变好。

因为，总会有不如意的事情发生，预防了这一件，还有预防不到的 10 件、100 件。棉棉越来越叛逆，甚至开始撒泼、打滚、尖叫，向着相反的方向越走越远。终于，有一件事让我的包容达到了极限，也让我开始深深地反思。

这一天，棉棉在洗手间玩得不亦乐乎，把一个一个的小玩具从水盆里拿出来擦了又擦。我看她玩得高兴，就走到一边收拾其他的玩具。突然，我听到"啪"的一声，大概是一个小玩具掉到了地上，她叫了一声："妈妈！"

我说:"等一下啊棉棉,妈妈还没收拾好呢。"

她"哇"的一声大哭起来。

我急忙走过去,说:"哎呀,宝贝,不就是一个东西掉了吗,你捡起来就可以了呀。"谁知她突然躺在了地上,开始尖叫。我没有抱起她,继续"耐心"地讲道理:"棉棉,你听妈妈说,妈妈没来得及帮你捡玩具,你可以自己捡,或者可以等一下妈妈,但不能一不如意就撒泼打滚。妈妈只是晚了一会儿,对不对?"然而,她没有停止,也不听,继续尖叫着大哭,并开始在地上拍打自己的手背,向后磕自己的脑袋。

我严厉地说:"不许这样对自己,你怎么回事?告诉你,你这样没用,你威胁不了我。"我以为我的严厉会让她停止,然而她仍然指着我大声尖叫,小脸通红,还出了一身汗。这孩子怎么说什么都不听呢?我被彻底激怒了,一把抓起她,走进卧室,用力朝她屁股上打去。我一边打一边说:"谁让你拍自己手背的,看我们谁厉害!"让我没想到的是,她非但没有停止哭闹,还愤怒地哭喊:"妈妈,你打,你使劲打棉棉,你打!"

当时的我很震惊,心里发毛,这孩子这么小就叛逆到这种程度了吗?莫不是心理出了什么问题?我赶紧抱起她,她哭着挣脱,不知道为什么,当时我只想紧紧地抱住她,因为我好担心松开手,她会做出什么伤害自己的事。

在持续二十多分钟之后,她终于停了下来,浑身已经湿透,还在不停地抽泣。

我把这件事告诉了孩子的爸爸。晚上我仔细回想这件事情,孩子为什么会有这样极端的反应,到底是哪里出了问题呢?

我翻了很多书,试图寻找答案。《六A的力量》这本书里说,任何问题的背后,首先要反思亲子关系。这本书里还提到了一个概念:无条件接纳。我开始思考,我对棉棉做到无条件接纳了吗?

首先，根据年龄特点，这个时期叛逆是正常的，而棉棉属于急性子，非常有自己的想法，这两者虽然我都了解，但我总是在跟她强调：妈妈允许你用情绪表达，但你不能逾越规矩。所以，我对她的接纳还是有条件的。在我的规矩内我接受你，逾越了我的规矩，那么你就是个叛逆的孩子。

那么，什么是"叛逆"呢？我们有没有看到"叛逆"背后真正的原因呢？

对于很多人来说，孩子不听大人的话就是"叛逆"，我们总希望孩子顺着我们的想法，总想把他们变成我们希望的样子。比如，我总是急于维护规矩，而忽视了积木倒了之后她的挫败感；我总是担心她被宠坏，告诉她休想威胁到妈妈，却不经常表达我对她的爱；我总是急于制止表面问题，唯独忽视了问题背后的原因；我总是把对她的抱怨当作关心，总是想让一个两三岁的孩子懂得人生的大道理，我已经不知不觉走进了误区，忽视了每个孩子都是独立的个体，她是她自己，不是我想象中的孩子，她有自己成长的节奏，而我偏要"拔苗助长"。

我们就这样相互撕扯，一直消磨彼此的爱和尊重。如果不是我及时发现，也许她就这样"叛逆"着长大了。

看到这些问题后,我变换了方式。在她下一次哭闹、撒泼的时候,不管什么原因,我都会紧紧地抱起她,告诉她妈妈爱她,有妈妈在,什么事都不要担心,不要害怕。刚开始她还会挣脱,仍会尖叫,但我知道,这是她在不停地试探,我是不是无限包容,是不是真正地爱她。从哭闹到平静下来的过程,从几十分钟慢慢缩短到十几分钟,后来到几分钟。现在,她几乎不会撒泼、尖叫了。

而我,其实什么都没做。我只是告诉她,无论何时何地,你都有妈妈的爱和支持,这就够了。

二、解决"叛逆"行为,引导孩子更好地成长

如果生活就这么风平浪静下去,该多好啊。但一个重大的家庭变化打破了这种平静,那就是弟弟出生了。弟弟出生后,棉棉开启了叛逆2.0模式:拒绝吃饭,不要刷牙,出去要抱抱,对弟弟大吼大叫。

这次我没有急于解决问题,而是在想,棉棉为什么吃饭必须要喂,是不是她希望爸爸妈妈能多关注她,把她当小宝宝一样呢?为什么她出门再也不像小马驹似的撒欢跑了,而是不停地要求抱抱?是不是因为她看到弟弟总是被大家抱在怀里,她也想要一样的待遇呢?为什么她总是在弟弟想靠近她的时候大吼呢?是不是因为她担心弟弟抢走她的玩具呢?在她心里,是不是觉得弟弟已经抢走了爸爸妈妈,现在又要来抢她的玩具,所以她才表示坚决不行呢?

根据我的经验和反思,我迅速抓住了事情的本质。

(1)棉棉的性格是什么?棉棉三岁半,接触的事物更多,语言更丰富了,表达自己想法的意愿也更强,但她有自己的表达方式。

(2)棉棉现阶段的心理发展状况是什么?是自我意识更加强烈,什么都会跟家长反着来。

（3）家庭原因。因为弟弟的到来，棉棉感觉弟弟分走了妈妈的爱，开始有不安全感了。

当我观察到这些，意识到这些后，也就看到了孩子的内心，这些"叛逆"就能迎刃而解了。

这天，棉棉坐上餐椅就开始玩，我们喊了几遍，让她吃完饭再玩，她都不听。

于是，"小怪兽"游戏开始了。

我指着爸爸对棉棉说："爸爸现在是个'小怪兽'，小怪兽最害怕棉棉吃一口西蓝花了，如果棉棉吃一口西蓝花，'小怪兽'就会吓得发抖。"

这时，旁边的爸爸装作要发抖的样子。"哎呀，棉棉千万不要吃啊，万一棉棉吃一口，我就完了。"

果然，棉棉坏笑着看着爸爸，拿起了一朵西蓝花，"啊呜"放进了嘴里，爸爸见状，立马"啊，啊"地叫着发起抖来。

就这样，棉棉把自己碗里的菜都吃光了。用这样的方法，她又喝了几口粥，喝了半盒奶。

吃过饭，一起下楼玩，还没出门棉棉就让抱抱。爸爸一把抱起了她，说："爸爸最喜欢抱棉棉了，必须抱着棉棉不撒手呀。"爷俩晃悠着到了楼下，爸爸说："哎呀，棉棉千万别下地跑啊，爸爸这个'小怪兽'又要害怕了。"棉棉听完，立马下来撒丫子跑远了。

我们不再讲道理：棉棉你长大了呀，你要自己吃饭了；我们不再埋怨她：棉棉你多大了还让抱，自己会走为什么不走；我们不再将她与别的小朋友比较：你看别的小朋友，人家跑得多好啊。我和她爸爸会适当地喂她吃饭，主动和她拥抱，并不停地变换小游戏告诉她我们愿意为她花时间、花心思，让她知道我们在乎她。

其实，最后棉棉也没有停止"叛逆"，但"叛逆"时我们可以看到问题，然后顺利地解决问题。

现在对于棉棉来说，家里又发生了一个变化，那就是我开始上班了。棉棉要单独和爷爷奶奶相处，一天的时间都看不到爸爸妈妈，可我们都没想到她适应得极其快。

她也同别的小朋友一样，总想和父母一起在外面玩，不想回家。我们知道，她希望和爸爸妈妈多玩一会儿，所以我们从来不会催促她该回家了。

但我也发现了一个小小的不同。下班后，棉棉没有像别的小朋友一样迫不及待地扑向妈妈，而是拿着自己最爱的小火车，塞到我的手里，说："这个，给你！"虽然她没有直接说，但我知道，这就是她表达爱的方式，她想妈妈，她非常爱我。

池小也
@拔萝卜妈妈

毕业于山东财经大学，家有二宝，热衷并致力于幼儿教育，先后于两家知名育儿品牌社群担任运营官，服务近万名0~6岁孩子的父母，帮助百余位父母梳理并解决育儿困惑。

孩子见什么都想买怎么办？

小小齐过了两岁之后，慢慢地有了自己的主意，比如，今天一个玩具坏了，他会说"妈妈买个新的"。明天零食吃完了，他会说"奶奶，我要吃棉花糖"。后天去超市看到喜欢的东西，他会说"爷爷，我要买棒棒糖"。

总之，逐渐有了自主意识的她，开始见一样爱一样，爱一样想买一样。

爷爷奶奶比较好说话，她想要的爷爷奶奶就给她买了。而有时候遇到大人没有带钱或者因为别的原因拒绝时，她就开始撒泼打滚，不愿意走，最后往往以大人"投降"而告终。

于是，两三个月之后我发现，家里多了很多她当时喜欢，回家后就被打入"冷宫"的东西。

一、给孩子适时的财商启蒙

那时候我想，是时候给她引入财商的基础启蒙了。

于是，在小小齐三岁生日的时候，我送了她两个生日礼物：一套垃圾分类玩具和一个存钱罐，存钱罐附带一个愿望清单。

这套垃圾分类玩具由四个塑料垃圾桶（厨余、有害、可回收、其他）、各种小卡片（上面画着无数生活中的小物品）、一张分类说明清单这三个主体构成。这套玩具目前是我家的最爱，不仅满足了我对开放式玩具的全部要求，而且由于玩法多样，寓教于乐，小小齐玩起来也不亦乐乎。

我们可以用最常规的玩法，带着孩子玩垃圾分类，如苹果、桃子放在厨余垃圾桶中，电池扔进有害垃圾桶中。也可以升级和拓展玩法，如玩超市的角色扮演游戏。把100多张小卡片整理在一起，可不就是一个大型的超市吗？我用乐高积木搭了一个超市的购物台，把各种小卡片摆在购物台上，然后小小齐扮演收银员，我扮演买东西的人。

开始的时候我说:"我要一棵白菜,一只螃蟹。"

我让小小齐把白菜和螃蟹的卡片都找出来给我。每张卡片上除了有图片,还有中文和英文,在她找到卡片给我之后,我接过卡片会说:"这是白菜,一棵3角;这是螃蟹,一只1元,一共是1元3角。这是给你的钱,请收好。"

然后我真的给小小齐1元3角的硬币(硬币是平时收集的,3岁以上的小朋友已经能够明白硬币不是吃的)。

家长的这句话不能省略,动作也不能省略,目的有两个:一是让小朋友记住1元、1角、1分等硬币以及其他人民币分别是什么样的(用纸币也行,不过初期用硬币效果好一些),这是货币知识的入门。二是大人是在给小朋友演示如何计算的,如3角加3角就是6角,这样做重在让小朋友认识加减法,同时能让孩子体会到不同的东西价格是不同的。

等她熟练一些后,我会增加一点难度。

我说:"我要一棵白菜,一只螃蟹。"

小小齐把对应的卡片找给我。

我说:"白菜是3角一棵,螃蟹是1元一只。那么一共应该是多少钱呢?"

从我帮她计算好,过渡到让小小齐自己计算。如果小小齐算出了是1元3角,那么我会给她一把硬币,并且说:"请自己找出1元3角。"

这时候她可能会自己组合，如拿1枚1元、1枚2角、1枚1角，或者拿2枚5角、1枚2角、1枚1角，等等，只需要多两句话，就可以让孩子在一个游戏中反复锻炼计算能力。

最后，等她完全适应这个计算过程之后，我会再一次增加难度。

我说："我需要一棵白菜，一只螃蟹，一棵西蓝花，一支铅笔。"

小小齐找卡片，我们报单价，然后计算出价格，这部分和上面一样。

然后我告诉小小齐："一共是2元5角，妈妈有一张超市的优惠券（小小齐经常去超市，已经见过优惠券），可以优惠1元2角，那么现在我除了给你这张优惠券，还需要给你多少钱？（依然拿一把硬币，让她自己挑）"

这是做减法的尝试。

在她挑完硬币之后，我重复补充："对，一共2元5角，一张优惠券可以节省1元2角，所以我们只需要付1元3角，这1元2角就是我们节省下来的钱。"

这是帮助孩子了解省钱的意义。

而当小小齐知道省钱的意义之后，她突然间就明白了：钱可以存起来，并且可以集中起来买更大、更贵的东西。而这一步从侧面让她懂得了，平时出门控制买东西的频率，可以在关键时刻买到自己最爱的东西。

二、让孩子在等待中学会延迟欲望

有一次逛超市，出门之前我和小小齐约定好，今天出门不带钱包，也不买东西。事实证明，小孩子的记忆只有三分钟。当在超市逛了一圈之后，小小齐不出意料地看上了新的东西。

"妈妈，这个我想要。"

"你很喜欢吗？"

"对啊，我好喜欢好喜欢。"

"喜欢的话，那你就多看看。"然后我拿出手机，拍下了照片。

"妈妈知道小小齐很喜欢,妈妈也很喜欢,但今天妈妈没有带钱包,我们也说好了今天不买新玩具的。所以妈妈把这个东西拍下来,你可以多看看,如果到下次出门的时候你还喜欢,那我们下次出门的时候再买。"

于是小小齐看了足足十分钟,终于恋恋不舍地放下了东西。

当然,如果下一次出门她真的还是看上了同一件物品,那就必须买下来了。

不过幸运的是,当这样的计划实行了四五次之后,慢慢地我发现,很多东西不论她当时多么喜欢,反复多看几次之后也就没那么喜欢了;而过了很久她还喜欢的东西,一般是真的喜欢。这件东西因为经过了努力才得到而显得格外珍贵,很难再被打入"冷宫"。

与此同时,她也从这样的等待中学会了延迟欲望。比如,她会花很长的时间来选择她的"六一"礼物、生日礼物,然后一件件地记录在愿望清单上,再一项一项地删除,最后留下她最喜欢的东西作为礼物。有时候这个延长的时间可能长达三五个月。

孩子终究会长大,有欲望不可怕,每个人都想得到自己喜欢的东西。长期和自己的欲望共存,并能够掌握节奏,这才是上策。一味地不许不要和一味地满足,只会走向极端。

愿每一个孩子都能得到自己心爱的礼物。

八卦河东王伯齐

10余年银行工作经历,3年育儿经验。擅长运用工作经验进行孩子的财商启蒙。受蒙特梭利教育理论影响,习惯从生活的细节里给孩子进行各方面的规划。纵岁月不居,时节如流,愿陪着小蜗牛一起成长。

第四章 能力提升 妈妈知多少

未来的竞争是全方位能力的竞争,心急的妈妈们已经提前打响了孩子素质教育的战争。到底应该怎样培养孩子的领导力?怎样训练孩子的专注力?如何保护孩子的想象力?应不应该给孩子挫折教育?孩子阅读能力上不去怎么办?别急,且看妈妈们集思广益、寓教于乐的智慧。

如何提升孩子的领导力？

佳明理了理胸前的红领巾，大步走上鲜花拥簇的主席台。今天他作为优秀学生代表，要在学校的毕业典礼上发言。

台下不少同学都用羡慕的眼光看着佳明，他们也希望有一天能这样站在舞台上展示自己。校长也对应邀参会的佳明妈妈说："孩子很棒，好好培养，将来大有前途。"

令人难忘的小学生涯即将画上完美的句号，佳明走下舞台，看到坐在前排的妈妈，突然鼻子酸酸的，仿佛看到了 6 年前和妈妈一起踏入校园的画面。

谁能想到，现在是优等生的他，刚入学时还经历过一段艰难时刻，甚至一度跟妈妈说"我不想上学"。为了他，妈妈操碎了心。

此刻，佳明的妈妈也思绪万千。其实，她每一次来学校，心里都有种紧张感，因为对比其他家长对小孩的付出和投入，她觉得自己做得还不够。周围的很多孩子都很努力，很优秀，她觉得儿子还有不少提升空间。如果说今天她教育儿子取得了一些成效，其实是她看到了儿子的领导力，把它激活并运用了它。

一、指引孩子做好自我领导

佳明在幼儿园时一直表现不错，但上小学后因为调皮捣蛋经常被老师批评，因此在学校得不到老师和同学的认可。

佳明妈妈说："在幼儿园他可以放飞自我，尽情玩乐，而到了小学，学校有更严格的纪律要求，孩子一下子没有适应过来。他天性爱表现，在课堂上调皮捣蛋，出发点是要引起大家的注意。他性格强势、有主见，因此总表现出不听话、不屈从的态度。"

对于这种情况，如果仅仅是批评或听之任之，孩子的境况只会越来越差。佳明妈妈一开始也很头疼，她尝试了各种不同的办法，但都收效甚微。直到有一天，她翻看领导力图书时突然有所顿悟。她开始分析佳明的特点，他总是坚定而执着地表达自己。这样的行为模式正是领导者最明显的特质，只要加以正确引导，佳明在组织中能成长为有重要影响力的人。同时，他不遵守课堂纪律，不敬畏规则，这是不自律的表现，而要成为领导者，首先要做好自我领导。

于是佳明妈妈对儿子说："你很善于表达，也很好强，这些都是你的优势，但是你不遵守纪律就不对了。你经常被批评，这不是一个好学生的形象，你想引起大家关注，但大家都不愿听你的，你根本无法发挥你的优势。所以你必须先管好自己，先成为一个榜样才能去影响别人。"

提升领导力的第一步就是要做好自我领导，只有做好了自我领导，才能领导他人。

二、鼓励孩子勇于脱颖而出

很多孩子从小就学习各种技能，如钢琴、舞蹈、书法、足球、跆拳道等，家长都希望孩子能通过艺术陶冶情操，通过体育运动增强体质，但大家往往更关注孩子是否掌握了某项技能或者是否拿过什么奖项。其实不妨更进一步，鼓励孩子大胆展现自己的特长，并勇于在人群中表达自我。

拥有某一项特长不等同于拥有了领导力，但可以打开一扇通往领导力的门。佳明在学校的第一次脱颖而出，是他的一个重要转折点。

一年级下学期，学校举办了"十佳主持人"比赛，佳明从小参加语言艺术训练，这时正好派上用场，在妈妈的鼓励下，他用心准备了两个多星期，并在比赛中表现出色，最终荣获学校"十佳主持人"称号。

之后几年，学校的各种语言艺术类的比赛，他几乎拿了个大满贯。慢慢地他成了学校各项活动的金牌主持人，参加的活动越来越多，影响力越来越大，能力提升得越来越快，佳明就是以此为起点，从一名普通学生一步步成长为一名大队委的。

当然，面对挑战和不确定性，孩子会胆怯，会担心搞砸了被大家笑话，而且文艺、体育或其他特长，要取得优异成绩，都需要经过长期刻苦的训练，大部分孩子都需要家长的鼓励和耐心才能坚持下去。

每个孩子的潜能不一样，未来的发展方向也不一样，作为家长，要善于观察他们的特点，找出他们的优势并尽量将这一优势放大。

三、给孩子创造担任"领导"角色的机会

担任"领导"，可以让孩子更好地学习和实践领导力。如果孩子本身已有现成的领导角色，那固然好，如果没有，家长则可以自己创造一个。

二年级之前，佳明调皮捣蛋的形象把他挡在了班干部的门外。班级中班干部所占的比例还是挺高的，可佳明连小组长都不是。有一天，他对妈

妈说:"妈妈,我很喜欢阅读,班里购买了几百本图书,就放在教室后面的书架上,但大家看过之后经常乱放,很难找到自己要看的书。"

妈妈说:"那你可以做一名图书管理员呀。"于是佳明行动起来,他自己在不同颜色的纸上写了几个图书分类,还让妈妈帮忙打印出"阅后请放回原处"的告示,然后每天都主动整理班级里那几百本书,为图书分门别类。

开始只有他一个人在做,很快更多的同学加入了进来,最后有九个人参与,于是佳明就成了图书管理小组长。再后来妈妈又引导他发起了"共读一本书"活动,大家都很积极地把家里的书带到学校互相交换着看。

学期期末,佳明被同学们高票评选为"服务之星"。通过这个自己主动创造的"领导"角色,佳明学会了如何服务他人,如何与他人合作,还学会了分派任务。最后,妈妈说:"你要做一个总结,总结里要说明如何选择小组成员;如何评价他们;要做好工作,还需要哪些支持等。"

佳明按照妈妈的说法做了总结。后来妈妈发现他的领导能力更强了,他能更合理地安排其他小朋友的工作。如果说之前佳明已学会了自我领导，那么这次他已经开始学习领导他人。

除此之外，可以为孩子提供"领导"角色的场景还有很多，比如，请孩子担任家庭旅游计划的项目经理。出行前家长可以请孩子制订一份出行计划，包括每天的行程安排，搭乘的交通工具，参加人员各自的分工等。出行中则指引孩子跟大家做好沟通，并跟进每个人的工作，遇到问题请孩子出面解决。出行后指引孩子总结收获和需改进的地方。

孩子都喜欢探索新世界，所以能担任"领导"这个角色，一般都会兴奋不已，表现出的成长速度会让家长吃惊。

四、给孩子找一个领导者做榜样

佳明上三年级的时候，已经是班长了。有一次，妈妈带他参加了自己公司举办的"家庭日"活动。当天活动的重量级嘉宾是妈妈公司的CEO，也是一名著名的企业家。这名CEO发表了演讲并和到场的小朋友们互动，佳明还幸运地和CEO合影留念并参观了他的办公室。

妈妈公司"一日游"的时间虽然短暂，但是给佳明留下了深刻的印象。回到家后，他不停地问妈妈CEO是干什么的，是如何工作的。佳明还说自己长大后也要当一名CEO，后来他还真学着CEO的样子开了一次主题班会。

不断地模仿、总结，让佳明在四年级的时候成功当选了学校大队委，他有了更多的机会参加校内外的各种活动：当志愿者，做校园小记者，带领全校同学开展活动，等等。这段时间妈妈感觉到佳明的成长特别快，他对自己也有了更高的要求，于是妈妈给他看了《杰克·韦尔奇自传》。

虽然孩子未必能全部理解书中的内容，但是阅读著名领导人的书，给他打开了另一扇窗，扩大了他的视野。孩子接触到优秀的领导人，不但能激励自己，更期待看到自己的未来。

五、把孩子的品格培养列在首位

孩子之间相处出现磕磕碰碰很正常，特别是男孩子，佳明也不例外，有一次情况还有点严重。那次他们四五个男孩子聚在一起玩，后来因小事引起了肢体冲突。有个孩子被撞倒在地，造成了皮外伤。那个孩子本身比较弱小，所以心理有点崩溃，不愿上学，家长也急了，要求学校调查清楚。

老师和家长轮番向几个孩子询问到底发生了什么事，每个孩子讲的都不同。后来对照视频监控，发现各有对错，只不过大家都重点讲述对自己有利的部分。相对而言，佳明的版本算最客观的。佳明妈妈从小就教他做人要诚实，不要撒谎，做错事就要承认、要改正，这个他听进去了。

事情一发生他就向妈妈坦白了经过。虽然他不是主要责任人，但是毕竟他也在场，同学受到了伤害，妈妈要求他第一时间向受伤的同学诚挚道歉并与他握手言和。佳明诚实和负责任的品格得到了同学和家长的谅解，事情也得到了妥善解决。

每个孩子都具有领导力，我们要做的就是把他培养成一个更卓越的领导者。如果您愿意，以上提到的各种方法您都可以马上去实践，相信您还可以探索出更多方法。赶紧行动起来吧！

邓海蓝

微博认证：头条文章作者

品牌创始人，中山大学经济学硕士学位，10余年世界500强企业工作经验，擅长品牌营销和市场管理。2017年开始创立自己的运动品牌，产品跨境销售，遍及全球多个国家和地区。

如何提升孩子的专注力？

每个孩子的先天条件、家庭背景都不一样，但对大部分人来说，有一个相对公平的机会，便是良好的专注力是可以后天培养的。无论孩子出身如何，只要拥有了专注力，都会终身受益。专注力是一切学习的基础。

比起认知类的学习，我更注重孩子专注力的培养。但在儿子2岁左右的时候，我并没有太刻意为之。

一、身边的现场都是教学的课堂

有一次我们去郊外游玩，就餐的饭馆旁边恰好有一处土坡在施工。几辆工程车在轮流作业，一辆挖掘机在山坡上挖泥，另外三台拖拉机正顺着一条小山路轮流开上山坡把泥土运下山。

我指着土坡跟儿子说："你看，这里好有趣哦！"接着我向儿子讲解施工的流程，孩子那时还不会发问，只会痴痴地看着。待家人叫我们吃饭时，我们已在尘土飞扬的施工现场旁专心地看了10多分钟。

这时我才反应过来，2岁孩子的专注力一般只能维持7分钟左右，但刚才我们竟然专注地看了10多分钟！

此后，但凡在街上碰到基建类的工程，孩子感兴趣，我都会停下带他一同观看，有时甚至会看半个小时。我也化身好奇宝宝，站在他的角度，寻找这其中有趣的点。过后，孩子会向我复述他看到的情景，我在一旁耐心倾听，除了帮他表达一些他还不会的词汇以外，从不打扰。

慢慢地，孩子也开始问一些有深度的问题。例如，在一次修路的作业中，地下水管被挖断裂，水流了一地，他问我："水管的水是流到我们家的吗？这里漏水了，我们家还有水吗？"

这些都是宝贵的体验。我本意是想培养他的思考和表达能力，无意中却促进他养成了专注观察事物的习惯。大脑思考需要专注，而专注促使大脑完成更深层次的思考。

这直接或间接地导致孩子在其他方面也拥有了专注力。我观察到，儿子会用玩具还原他看到的现场，根据绘本来扩展他的故事，常常一玩就是10~20分钟，这个专注的时长对他当时的年龄段来说，算是非常高的。

出于人的本能，专注力始于对事物的兴趣。孩子年龄较小时，对什么事物都充满好奇，这时是引导孩子专注观察的最佳时机。

在这个过程中，妈妈的态度起了很大的作用。如果妈妈站在孩子的角度，鼓励他发现和探索，会对孩子发展专注力非常有利。

这个时候我们可以向孩子传达外界事物"很有趣"的观念，和孩子多说"这个好有意思啊""这个看起来很好玩哦"这样的话来鼓励孩子。

家长最好为孩子创设安静的环境，即便是喝奶的时候，也要让他心无旁骛，尽量避免一切打断孩子观察和玩耍的行为。例如，在孩子玩耍的时候，家长总爱进行各种发问，以为这是启发孩子思考，实则是打断了孩子的思路。

什么时候发问是最佳时机呢？等到孩子停下来，有疑问想要寻求帮助的时候，家长就可以介入了。

孩子看到一个场景，觉得很新鲜，想要和家长分享，这个时候家长最好在一旁静静倾听。即使孩子讲得没有什么逻辑性，家长也要真诚地摆出一副"啊，原来这么有趣"的神情，继续等待孩子结结巴巴地讲完。

在孩子 0~3 岁这个阶段，无须为孩子买太多训练专注力的玩具，孩子经历的每一个现场都是教学的课堂。

我带儿子在小区公园遛弯的时候，常常碰到楼上的一个小孩，2 岁多，由爷爷带。孩子长得结实，也不认生，只是说话不利索，词汇量很少，相比同龄孩子，动作也不太灵敏。

我观察了几次，发现爷爷虽然带着孩子，但是他们之间几乎全程零交流。爷爷还说，他们家里有一个小围栏，常常放孩子一个人在里面玩，孩子妈妈说："不要打扰他，让他自己玩，这样对专注力好！"

我心想："天啊！原来你们是这样理解'不打扰'的！"这样孩子不仅语言能力没有得到应有的发展，连肢体动作也被限制了（被围栏围住，攀爬的空间有限）。

因此，千万别把"不打扰"理解成"不作为"。很多教育理念本来没错，错的是理解它的人们。"不打扰"是指根据时机切入指导，而不是完全放手地"静待花开"，否则会错失很多宝贵的教育机会。

家长还要注意，绝不能让两岁以下的孩子接触电子产品。电视画面五六秒变化一次，婴儿大脑的反应速度跟不上画面的变换速度，大脑额叶没有时间加工这些图像，会影响孩子高级思维的发展。

很多父母认为，自己暂时没空陪孩子玩，放手让孩子看一段时间，以后再做限制也没关系。实际上据我观察，一旦父母开始让孩子使用电子产品，以后再控制，难度相当高。孩子已经适应了快速闪动画面的刺激，对图书的兴趣也就变小了。在这个阶段，父母最好以身作则，少玩电子产品。

二、培养专注力，从身边小事抓起

有一次，我和一群朋友在农庄玩。朋友宜美带来了她的孩子小果，小果 3 岁多。由于来到农庄觉得一切都很新鲜，小果东跑西跑，追完了鸡又赶鸭，这边玩了沙子那边又要摘枇杷。本来孩子活跃一点很正常，可小果每次注意一个东西都不到一分钟，兴趣转向很快。我朋友这个精致的都市丽人，一直跟在小果后头跑，被折腾得狼狈不堪，把一群未婚未育的姑娘给吓坏了。

宜美很尴尬，但这也让她有机会去审视孩子这种状态是否存在问题。于是她带孩子到专门的机构检测，排除了孩子多动症和缺锌的可能。孩子的状态让她很困惑，问我问题到底出在哪里。

我向宜美了解了孩子的生活习惯之后，恍然大悟。她的孩子有着现在小孩子普遍存在的不良习惯，不过相对更为突出。

（1）缺乏睡眠。孩子常常晚睡且不易入睡，通常晚上 11 点才上床，一天睡眠时间通常不足 8 个小时，大大低于他这个年龄段每天 10~13 个小时睡眠时间的标准。根据一项研究表明，睡眠少于 7 个小时的儿童，比起睡眠正常的儿童，行为问题比平均值高出 53%。充足的睡眠对儿童的健康和专注力发展极为重要。

（2）作息不规律，导致幼儿缺乏秩序感。宜美夫妇工作忙碌，平时吃睡不定时，孩子受到一定影响。到了周六日，宜美夫妇经常一觉睡到中午，孩子的作息也被打乱。幼儿缺乏秩序感，在日常生活中就会随心所欲，也容易受到外界事物的干扰。将来孩子也很难将班级秩序内化到心里，埋下了以后不遵守课堂纪律的隐患。

（3）长期依赖电子产品。宜美的孩子是一个典型的电子宝宝，从小手机不离手，连吃饭也要看着 iPad 才能吃得下。

于是我给了宜美以下建议。

（1）调整睡眠。每晚有规律地做睡前准备：刷牙、洗脸、穿睡衣，有助于大脑做好入睡准备。整个过程的理想时长是 20~30 分钟，时间太长会导致过度疲惫，反而不易入睡；步骤别太多，最多 5 步。睡前一个小时避免使用电子产品，因为它发出的光线影响褪黑素的产生。

（2）建立秩序感。孩子在 2~4 岁时普遍进入了秩序敏感期，这个时期孩子对事物的顺序、物品的摆放位置等有近乎偏执的要求。这时如果孩子为了维护秩序要求一切重来一次，家长应尽量满足他们的"有序愿望"。

孩子安然度过秩序敏感期，就会形成良好的秩序感。例如，他会整理好自己的物品，会合理安排自己的时间，同时也会自然而然地遵守社会规则，这对形成专注力非常有利。

（3）减少使用电子产品，并对软件有所选择。对于使用电子产品，原则上能避免还是要尽量避免。如要一定要给孩子使用电子产品，那么家长需要设定使用时限和规则。例如，一天只能在某个时段玩，每次玩不能超过 20 分钟。最好选择游戏中画面闪动不频繁，而主要靠孩子用手操作的游戏，避免让屏幕的刺激影响到孩子大脑神经的发育。

市面上有一些 App 号称能让孩子集中注意力。孩子使用的时候的确很专注，但那是"被动注意"，孩子只是被屏幕上快速闪动的画面所吸引。真正对学习有帮助的注意力，是"主动注意"。孩子能主动去关注，这才是我们真正需要培养的注意力。

三、"自然系"训练法，让孩子成为一个超专注的人

有一次，我和孩子在外边散步。一阵风吹了过来，几片绿叶子飘飘摇摇地从树上落下来。我看到意境这么美，一时起意，用双手接住了树叶。

这时我听到孩子一阵惊呼："啊，接住啦！"

于是我就和他在树下等着风把树叶吹落,再用手去接,玩得不亦乐乎。

我心中一想,这不正是专注力的训练嘛!就是这时,我领悟到,对于孩子专注力的培养可以融合在生活的各个场景中,也许比专门的器材、用具更有效。

受到了大自然的启发,我便为孩子开启了"自然训练计划"。我带着他到处寻找素材,再把素材变成教材。例如,捡起一朵紫荆花,让他观察相邻的花瓣之间,从颜色到细节有什么不同。

闻一闻,哪一朵缅栀花更香?是下雨前更香,还是下过雨后更香?

听一听,哪棵树上的鸟儿叫得最欢?你认为它们在聊什么?它们想干吗?没有任何想象的限制,于是一篇口头作文诞生了。

孩子的感官是敞开的,在自然界中训练专注力,完全是沉浸式的体验,很容易达到效果。而在大自然当中游戏,感受大自然的美,父母和孩子的生命都能得到滋养。有这样低成本、有趣又有效的专注力训练,何乐而不为呢?

四、"游戏"训练法,让孩子成为一个内驱力强的人

我的一位大学同学曾自豪地说,他的儿子专注力非常棒,玩网游过关斩将,几个小时不带分心的。结果到了小学阶段,孩子上课走神,写作业

拖拉，常常 10 分钟就坚持不下去了。

为什么在网游上体现出的专注力，在学习方面就用不上了呢？我这位同学感到非常困惑。

其实网游是根据人的心理特点来设计的，因此吸引着参与者投入大量精力。我们可以参考其中的一些做法，将它运用在日常学习中。

1. 设定一个清晰的目标

比如，游戏中的目标是打败大 BOSS。在学习上则可以设置一个稍高于孩子能力的目标。

2. 按照由易到难的顺序设计关卡

在学习中，我们可以把目标分解成数个部分，让孩子觉得他是可以胜任学习任务的，不会因为难度跨越太大而令孩子望而却步。

我们可以为孩子画一个"进度条"，写上要完成的"任务"，让孩子随时知道已完成和未完成的比例，让他对进度条的推进产生成就感和掌控感，这样他更愿意继续积极地去完成任务。

3. 即时反馈

每次打怪升级，网游都会给予参与者听觉和视觉等感官刺激，让参与者的大脑分泌制造快感的化学物质——多巴胺，加强参与者的成就感。学习也一样，对于孩子的任何进步，家长都要及时给予反馈，肯定他的进步和付出的努力。

当然，这并不意味着家长要提供频繁的物质奖励，否则会破坏孩子想做这件事情的"内驱力"。

五、"正念"训练法，让孩子成为一个心理灵活的人

儿子在两岁多的时候，因为摔跤擦破了腿，不停地哭泣。我使劲安慰，他还是在哭。我问他："宝贝，你觉得疼是吗？"他点点头，指着伤口说："出

血了。"其实伤口并没有出血。我明白了，孩子的哭，除了因为觉得疼以外，还有对伤口的恐惧。

我就对孩子说，有一个方法可以让伤口不疼，也不怕出血。我给他讲"呼吸"的概念，让他跟着我一起慢慢地吸入空气，再慢慢地把气呼出。小家伙很认真地跟着我做，重复几次以后，我问他："舒服吗？"

他回答："舒服"，情绪也渐渐平复了。这就是正念练习的雏形。

后来，如果他感到恐惧或不舒服，我就带他一起做这样的呼吸练习，这对于调节孩子的情绪效果很好。

目前，正念练习被引入中小学校当中，在帮助孩子改善各种能力方面已取得良好效果。我们知道，压力会对儿童大脑产生有害影响，从而影响专注力。而这种对当下不带评判的自我觉察，对压力的消解和专注力的培养非常有帮助。

我在孩子4岁多的时候，正式带领他做简单的正念练习。

为了让他对练习感兴趣，我准备了一个小道具：一只小铜磬——用来计时的敲击器皿。我们找一个舒服的位置坐着或躺下，像之前一样专注呼吸。不同的是，我们在练习中加了几个细节：感受吸气时从鼻腔到腹腔的气流，然后肚子像青蛙一样鼓起来，再慢慢瘪下去，气流由腹腔流入鼻腔再流出。

练习的时间先以5分钟为起点。每次做完练习，我都会轻轻敲击小铜磬以示结束。铜磬的声音清亮悠远，持续时间达1分多钟，孩子非常喜欢。倾听的过程，也成了一个小小的专注练习。

还有一个小练习特别适合孩子们做，就是正念的葡萄干练习。我们可以给孩子两粒小东西，如葡萄干，先不声明它们是什么，好像孩子第一天接触它们一样。首先让孩子仔细观察，每颗葡萄干的纹路都是独一无二的；然后对着光照看，葡萄干透过光线发出淡淡的紫色；接下来让孩子把它们放在鼻子旁边闻一闻，感受水果的芳香；最后让孩子把葡萄干放在嘴里，让它们在舌尖、口腔两边游走，再放在牙齿中间，试试感觉有什么不一样。

整个过程中孩子的感官是完全打开的，他会发现很多以前自己完全忽略的东西。

孩子在吃饭的时候，也可以用几分钟来做这个练习。把对食物的好恶暂且抛开，全神贯注地吃一小口食物，像上例一样，先不急着吞咽，而是先慢慢感受食物的味道、质感，孩子会有很不一样的发现。

如果孩子不愿意做，那么可以在其他时间再试试看。每一次体验的感觉都不一样，因此在每一次练习后，我们可以鼓励孩子表达练习的体验，什么样的感觉都可以，家长不做评价。

正念练习可发生于任何时刻。可以是感受落叶接触肌肤的一刹那，也可以是感受和风吹过脸颊的一瞬间。与当下这个时刻接触，以开放、好奇、自然的感受和想法去接触生活，就是正念的要义。

正念练习帮助孩子活在当下的每一刻，这是一种对孩子终生有益的练习。正念让他们懂得如何运用沉静的力量，让他们在这个充满变数的喧嚣世界中不容易受到干扰和撼动，并且让他们明白在复杂的环境下如何自处。

蒙晓凌
微博认证母婴育儿博主
@猫妈童学记

中国科学院心理研究所儿童早期教育指导师，心理咨询师。长期为困难儿童和特殊儿童提供心理咨询服务，擅长儿童心理学。

如何提升孩子的想象力？

想象力是人与生俱来的能力，因此，很多人认为想象力不需要教，只需要保护。事实上，想象力是可以习得的，而童年是培养想象力的关键时期。

有三种培养想象力的方式可以在家庭日常生活中进行，概括起来就是：读、绘、玩。

一、通过阅读提升孩子的想象力

家长和孩子一起进行亲子阅读的时候，可以用"提问回答"的方式互动，引导孩子展开想象。我在给女儿读绘本的时候，经常读到一半时问她："你觉得后面会发生什么事情呢？"目的是引导她展开预测和联想。

有时我也会这么问："如果他当时不这么做，会有什么不同的结果呢？"或者问她："如果是你，你会怎么做呢？"这是个特别容易激发想象力的问题，目的是让她试想不同的结局和可能性。

有些绘本本身就自带问题，提问回答的互动正好借着文图展开。如绘本《下雨天》，第一页是一些浓密的铅笔线条，于是我问女儿："这些线条是什么呢？"

"是下雨啦！"

"那如果是下雪，又会是什么样子呢？"

"雪是好多点点。"

"雨点好像也是一滴一滴的哦，为什么这里面是一条条粗粗的线呢？"

"因为是下大雨！"

女儿通过已有的生活经验，作出了"下雨"的判断，随后的提问引发了女儿的想象，"粗粗的线条"说明雨很大。

当女儿回答这是下雨了，我就可以照着文字念："下雨天，狮子在干什么？"

"它可能在洗头发，就是洗头上的那些毛。"

"哇，在洗头发啊，这真的很有意思呢。那我们看看书里的这只狮子到底在干什么呢，是不是也在洗头呢？"

接下来翻到下一页，我念道："'渴死了。'狮子咕嘟咕嘟地喝水，'这雨真是下得太好了！'"

"原来狮子除了可以在雨里洗头发，还可以喝水呢！"我将书中文字和女儿的想象结合在一起，对女儿的回答也是一种肯定。

接下来的一页又重复了第一页的线条，不过线条不再是垂直的线条，而是朝一个方向斜着。我马上引导女儿去观察："你看，雨还在下，不过，这一页的雨，和刚才的雨有什么不同呢？"

"雨下得更大了，而且刮风了。"女儿认真地回答。

"你怎么知道是刮风了呢？"我问。

"因为雨变歪了。"女儿调皮地说。

这就是孩子的观察和联想。如果孩子年龄比较小，没有这种经验，不知道是在刮风，家长就可以借此去启发孩子，并且在平时注意引导孩子观察生活。家长丰富的经验是启发孩子想象力的素材和基础。

如果孩子听完故事还意犹未尽，我会鼓励她给故事改编一个结尾，或者编个续集。比如，女儿把自己编进了她最喜欢的《长袜子皮皮》的故事里："有一天我坐飞机去了皮皮居住的小镇，见到了皮皮和她的两个好朋友杜米和阿妮卡，我给他们带去了礼物——大熊猫的帽子，她们都非常喜欢。我们四个人一起玩捉迷藏的游戏，玩累了我们又一起做了苹果派，我还给小猴子尼尔森先生做了一个小房子。小偷来的时候，我们一起做了玩具陷阱，捉住了小偷，并且把他送到了警察那里。"

无论她编出怎样天马行空或缺乏逻辑的故事,我都会认真倾听,有时我也会分享我的想法。我们经常从各自的故事中得到新的灵感,产生新的想法,然后再编一个新的故事出来。

随着孩子年龄的增长,在孩子有了一定的识字量之后,文字性的阅读对想象力发展的影响更大。此时,阅读诗歌、童话则是培养孩子想象力的最佳选择,诗歌本身就是展现想象力的艺术。

再大一些,等孩子到了小学中高年级的时候,家长就可以尽可能地扩大孩子的阅读面了。此时,阅读历史书籍和科幻作品,可以更好地激发孩子展开丰富的联想。

二、通过绘画提升孩子的想象力

女儿很小的时候,我就十分注意保护她绘画的兴趣。从女儿能握笔开始,我便为她提供笔和纸。女儿再大一些,家里的整面墙壁成了女儿的涂鸦区。各种彩笔、油画棒、蜡笔、画板等画材也都早早备上,确保她随时想画就可以画。我做的所有这些事情,都是为了给孩子一个信号:妈妈非常鼓励你在家里画画。

保护孩子的绘画热情，仅仅提供场所和工具还不够，还要善于提问和及时反馈。这中间也有一些技巧，因为如果用了不恰当的交流方式，则很可能会浇灭孩子表达的欲望，这样反而会压抑孩子的想象力。

第一，要善于引导孩子"讲"他的画。通常，女儿画完一幅画拿给我看的时候，我都会说："宝贝，你画的是什么呀？"即使我知道她画的是什么，我也会说："可以向我介绍一下你的画吗？"

认真倾听孩子讲画的过程能帮助我们了解孩子的所思所想，还能锻炼孩子的表达能力，拉近我们之间的距离。

比如，女儿在四岁的时候画了一幅画，看起来像一个长着脚的球，棕色的，上面有一扇窗。我百思不得其解，没想到女儿说："这是一个树洞，里面住着小松鼠呢！"

"原来是小松鼠的房子啊，那小松鼠在里面做什么呢？"

"是小松鼠一家，有爸爸、妈妈和宝宝，它们在吃饭，还在里面睡觉。"

虽然画面上没有小松鼠，但通过孩子的讲解，我好像真的看见小松鼠一家在里面生活的场景，松鼠就是她的想象，是她脑中的画面，这个画面非常美好。

第二，不要用成人的标准和审美来评判孩子的画，不做负面评价。对于孩子来说，画画是在表达自己的感受和情绪，画画的价值体现在过程中，而非结果，孩子的画没有好坏、对错之分，家长要尽量挑好的部分去鼓励。

这里面有个技巧，就是尽量评价一些你看到的具体内容。比如，我会说："这里有蓝色的弯弯曲曲的线条，那边还有金黄色的圆圈，这些代表什么呢？"或者说："我看到了一个宇宙飞船，是谁坐在里面呢？"诸如此类的开放性的问题，能够让孩子感受到你关注他的想法，而且可以引导孩子展开想象，他或许会编一个特别棒的故事出来。

第三，孩子如果难以下笔，家长要试着引导。我女儿在画画的时候，有时候构思好了要画什么，但是画到一半，画不出来了，就跑来请我帮忙。我不是美术专业的，而且随着年龄的增长，想象力也退化了，我会和她实话实说："我也不会画。"但每当我这么说时，她都会表现出一些失落和不耐烦。

后来我改变了策略，先建议她自己试一试，我陪着她，引导她自己寻找一些线索。比如，女儿说："我不会画猴子。"

我会说："让我们来想想猴子是什么样的，猴子的头是什么形状，它的耳朵是什么样的？它有几条腿？它的尾巴是什么样的？你在动物园看到它的时候，它是坐着的还是站着的？"几个问题之后，孩子一般都能画出来了。

我和女儿还经常玩绘画游戏，而且百玩不厌。这个游戏叫"绘画1+1"，游戏的名字是女儿取的。玩法很简单，我先在一张纸上画一些线索，这些线索可能是一些几何图形或者数字，也可能是一些简单的物件或场景，然后女儿会在我画的基础上进行再创作。

比如，我写了几个阿拉伯数字，女儿添加几笔以后，数字"5"变成了傲娇的天鹅，数字"7"变成了小滑梯。

有一次，我画了棵苹果树，女儿再创作之后的作品十分有趣。她画了一个扔鞋子砸苹果的父亲和一个在旁边等待的儿子，可是苹果没有砸到，鞋子反而挂在树上拿不下来了，父亲只好用随身携带的拐杖去够鞋子。树上的小猴子看在眼里，一手指着这个愚蠢的父亲，一手捂着自己的肚子笑个不停。

这对父子的形象实际上是幽默漫画绘本《父与子》的经典形象，没想到女儿会把这对父子迁移到这幅作品中，并且沿袭了"父与子"的幽默风格，这种联想和迁移的能力着实让我惊喜。

不同于自由涂鸦,这个游戏是在一定的"规则"下进行的,考验孩子的想象力和发散性思维,更具挑战性。孩子只要能画出来,家长就要及时地给予积极的赞扬,这样孩子会乐不可支,信心大增。这个游戏还有个好处,就是随时随地可以玩,比如,在外面吃饭,等餐的时候,拿一张餐巾纸、一支铅笔就可以玩起来。

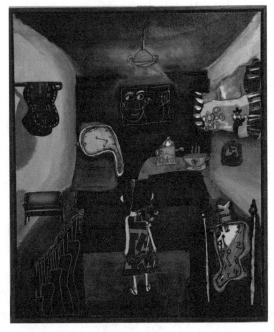

女儿6岁时的作品《画梦》

另外,我和女儿还会用画画的方式学习成语和古诗词。我先给她讲一个成语故事,然后鼓励她用自己的理解和想象把这个故事的大概情节画下来。尤其是一些具象的成语,如"盲人摸象""负荆请罪""囊萤映雪"等,女儿都画得很不错。

三、通过游戏提升孩子的想象力

游戏是大脑发育的基石,游戏力弥足珍贵。在游戏中,孩子会迸发奇思怪想,扮演各种角色。

1. 假装游戏

从女儿两三岁开始,我们俩就经常在一起玩假装游戏。女儿最欢扮演大厨、医生和理发师。在玩得最多的餐厅游戏中,她会先请我看一个由纸片假装成的"菜单",在我"点完菜"后,女儿就在她的玩具灶台前忙起来,切一切、炒一炒、摆一摆,一番专业的操作之后,"大鱼大肉"便被端上桌了。我会大口大口地品尝食物,然后竖起大拇指盛赞食物的美味,并承诺明天还来。女儿会时不时地赠送我一份餐后"甜点",或者下次就餐的折扣券。

我们还玩过"小小美发师""儿科诊室""未来王国"等很多假装游戏。这些游戏有的完全是空无一物的凭空想象,有的则借助现有的物品假装成情节需要的道具,甚至还会演绎出连续剧。

我经常会被女儿凭空编排的情节逗乐,也惊讶于她的想象力。玩耍当中,我还会被要求一人分饰多个角色,我乐于当演员,她就是编剧兼演员,我们玩得不亦乐乎。

我还在家里配置了玩具灶台、玩具急救箱等玩具,方便女儿在玩角色扮演时取用。当然,生活中的物品也是很好的道具,在家里,我们把一些淘汰掉的生活用品和小玩意儿收集起来,放在一个整理箱里,这个箱子就是"百宝箱",当孩子做游戏的时候,这些道具就会变成她想要的东西。

2. 自圆其说

这是一个十分大胆且具有挑战性的想象力游戏,适合全家参与。

游戏规则:参与者(最好是4个人)分别写下"时间""地点""人物""事件",并且尽量发挥想象力,打破常规,写得越新奇越好。

然后，参与者需要把这四个要素拼起来，组成一句话。比如，"2020年，孙悟空在游乐园喝啤酒。"

接下来关键的环节来了，参与者要把这句话变成一个故事，看似八竿子打不着的东西，只要发挥想象力，就能相互联结，孩子也能自圆其说。这是一个很考验发散思维的小游戏，孩子们的想象越天马行空，意味着他想象力的触角越丰富，思维越发散。我们只需要跟着孩子的想象，做一个积极的"听众"就可以了。

阅读、绘画和游戏，看似各自独立，实则相互包容，你中有我，我中有你。在日常生活中，我们很难把它们完全独立出来。比如，我会用绘本引导孩子去想象一个故事，然后鼓励她用画笔把故事画出来，对于里面的人物，我们还可以进行角色扮演，玩假装游戏。

其实，无论用什么方式，都需要遵循一些基本的原则。家长要尽可能提供各种工具和道具；让孩子有权选择；不要怕麻烦，不要怕脏乱；积极参与；多鼓励，别强迫等。只有在宽松、自由的环境中，孩子的想象力才能自由驰骋，不断被激发。

张薇薇
微博认证教育博主等
@龙小姐和猪小弟

毕业于河北师范大学，曾任职于500强保险公司，负责内部管理，后参与互联网电商创业，担任运营负责人。现为全职二孩宝妈，有7年育儿经验。正面管教认证家长讲师，专注于家庭教育，关注儿童创造力、成长型思维的培养。

如何提升孩子的学习能力？

研三实习的时候，我在姐姐家借住了一年左右的时间。那时我的小外甥女若若正在念小学三年级。

由于姐姐和姐夫在另一个城市工作，家里只有若若和爷爷奶奶。逢年过节走动的时候，总会听亲戚说到这孩子偏科，尤其是数学比较弱，成绩很不稳定。除了数学，老人还很担心孩子的英语跟不上，因为他们没有人能给孩子辅导英语。

一、家庭环境，影响孩子学习能力的第一现场

若若语文成绩很好，写得一手好字，简直像印刷体一样，但是数学和英语她就不太爱学了。观察了一段时间，我发现这跟她的成长环境有很大关系。老人怕寂寞，小区里的老人平时总会互相串门，打牌唠嗑，从而消磨时间，常住人口少的姐姐家就成了老人最常聚的地方。

老人们唠嗑总是少不了聊与孩子有关的话题，说到若若的时候，老人们也不避讳，常常当着若若的面说"女娃数学就学不好""英语没人辅导，她自己学成什么样就看她自己了""现在看着成绩好，以后还不一定怎么样"之类的话。

虽然若若并没有参与他们的谈论，只是在一旁玩或者学习，但是这些话她都无意间听进去，并且记住了。长期受这种氛围的影响，若若渐渐变得不自信，亲戚的担忧似乎正在慢慢变成事实。

二、寓教于乐，无形中提高孩子的学习能力

借宿在姐姐家，我想主动承担一些责任，于是提出辅导若若学习。我准备了一些女数学家、女科学家、女作家的故事，每天讲题之前先讲个故事。若若是个比较乖的孩子，讲什么她都能认真听，但是讲完了问她有什么想法，

她也只是笑。

就在我以为她不喜欢这些故事,准备停了的时候,她却提出来还想继续听,而且之后每次听完,若若都能说上几句自己的想法。有一天我给她讲了李清照的故事后,若若有点难过地说:"我当不了李清照。她是天才,还和厉害的爸爸妈妈在一起,我不是天才,爸爸妈妈也不在这里。"

我没办法帮她解决家庭问题,至少可以鼓励她。我跟她说:"你见过天才吗?没有,对吧?世界上天才是很少的。你看居里夫人,她不是天才,离开了爸爸妈妈之后,也成了很厉害的科学家,是不是?"听完后,若若又开心起来,并且说:"那我想成为居里夫人!"

对于内向又不爱表达的孩子,有时候要多点耐心,也许时间会有点长,但是只要坚持下去,总会等到他们的反馈。

刷课本和练习题比较枯燥时,我就会想一些好玩的游戏,让若若一边玩一边学。比如,我们经常会玩以下几种游戏。

1. 摆摊游戏

把玩具装在盒子里,摆在茶几上就是一个小货摊。若若是摊主,我和两位老人是顾客,扑克牌是钱。若若戴着小草帽,很认真地制定了规则:小皮球一张牌一个,洋娃娃两张牌一个,小汽车三张牌一辆……我们三个"顾客"排好队,轮流来"小摊"前买东西。

我买了一个洋娃娃,故意给她三张牌,她就找回我一张。爷爷买了三辆小汽车,只给了五张牌就走了,过了一会儿若若才发现不对,满客厅追着爷爷要少给的四张牌。等东西都卖光了,我们就把东西堆在一起,让若若都买回去,以后再继续卖。

玩过几次摆摊游戏之后,若若的计算能力直线上升,不仅计算速度越来越快,准确率也越来越高,有时候我们三个大人都算不过她。若若很喜欢这个游戏，因为所有人都能一起玩，她也喜欢热闹。如果只有我们两个人玩，我们就会换成英文版的，英语、数学一起练。因为摆摊游戏，若若的基础计算练得又快又准，她再也不会对学数学不自信了。

2. 表演游戏

我和若若是演员，老人是观众，偶尔客串。演的内容来自英语课本里的故事。我们有时会直接按照课文来演，有时则按自己改编的剧本来演。比如，有一篇课文是介绍动物的，我们就改变了形式，由我来模仿各种动物并且提问，若若来回答。

隔上几句我就假装忘记了自己的台词，若若就会很开心地一边笑我，一边提醒我。因为表演游戏，若若的英语句子背得特别熟。会说就会听，我特意给她找英文动画来看。听懂之后，若若对英语学习的兴趣更加浓厚了。

3. 教学游戏

若若当老师，我当学生。跟学校里的教学不同的是，我会指定自己想学的内容（通常是她做题容易出错的部分），由她来讲给我听，最后我还会安排一个互相提问的环节作为测试。有一天若若给我讲怎么辨认时钟，我发现她对15分、45分的位置掌握得还不够熟练，并且还记错了20分的位置。于是我装作刚学会的样子，指了一遍这三个时刻正确的指针位置，若若就被带回了正轨，忘记了之前的错误内容，再讲就是正确的了。

因为教学游戏，若若现在预习新课的时候，总会下意识地思考她能不能讲出来，要怎么讲，抓重点和找盲点的技能越练越强。

4. 接龙游戏

这个游戏适合睡前玩。可以接龙的东西有很多，如成语、诗词、数字、英文单词等。一天晚上，我们玩成语接龙比赛，由于若若知道的成语还太少，我们事先约定好只要是四个字的都算过。于是，那晚的接龙非常欢乐，各种奇奇怪怪的词都跑了出来，最后居然还接上乘法表，比如"一二三四"接"四四十六"，最后变成"接龙大乱炖"。因为接龙游戏，若若对字、词、数字等都记得很牢，学得快忘得快的情况基本不再有了。

当然，这些游戏并不能涵盖所有的知识点，但是给孩子打基础还是很有用的。基础打好了，接下来的学习就很顺利了。其实若若知道这些游戏不只是为了玩，更是为了学习，但是因为有趣，她玩得很开心，所以一直都很配合。

因为工作的关系，一年后我换到了其他城市，跟若若也很少见面了，但是我们一直保持着联系。现在若若已经是初中生了，成了一个自信开朗的女孩，成绩一直是班级前几名。每次收到她发来的好消息，我都由衷地为她高兴。

虽然如今已不在教育行业工作，但是我的家人是老师，朋友是老师，我自己也曾经做过老师，因此也一直密切关注着教育行业。回想那一年若若的学习经历，再加上这些年听过的、看过的教育案例，我很想告诉那些对孩子不管不问的家长：要提升孩子的学习能力，家长的参与必不可少。打骂并不能让孩子的成绩变好，陪伴和鼓励才是良药。

三、提升孩子的学习力，你只需要做这几件事

最后分享一下我从和若若相处的这段经历中得出的几点启发，希望可以给正在寻求方法的老师和家长一点参考。

（1）自信心是根本，要让孩子相信自己有学好的能力；

（2）实践和应用能力是主体，要让孩子学以致用，在实践中学习；

（3）寓教于乐是策略，要让孩子愿意学，这样才可以学得好；

（4）自学能力是关键，要引导孩子学会自学。

苏戎
微博认证教育博主
@自学师姐

大学理科专业，自学英语语言学和日语后，跨专业考取了语言学专业研究生，并自学通过了日语二级考试。现有理科和英语两种高中教师资格证，擅长学习方法以及教学方法研究。

如何提升孩子的抗挫折能力？

小韬刚进幼儿园时，老师反映他和其他小朋友不太一样。有些孩子因为上过一年早托，很快就适应了幼儿园生活；一些不适应的孩子，因为分离焦虑哭个不停；小韬则一个人默默站在角落，玩自己熟悉的厨具玩具。从老师传来的照片看，小韬满脸的焦虑和不安。

一次放学，老师把我叫住，拿出一张自己的手抄纸，上面列了几条关于自闭症儿童的症状，一条条往小韬的各种行为上套。

（1）喜欢原地转圈（小韬转几十圈都不会晕）。

（2）不善于表达，分不清你、我、他（那时候的他说话不分你、我、他）。

（3）对某方面有特殊的天赋（那时他特喜欢涂鸦，认字和数字敏感期来得特别早）。

（4）不喜欢改变（他摆放的东西必须按照自己的意愿来，任何人都不许碰，一碰他就发脾气）。

（5）最后一点也是最严重的一点，即抗挫折能力弱，不能表达自己的情绪（遇到一点小事就特别焦虑，和小朋友玩游戏又输不起）。

看起来好像每一条都能对上号。虽然没有确诊，但听老师这么一说，我感觉天都要塌了。每次看小韬焦虑、发脾气，除了心痛还有担忧，担心他因为抗挫折能力弱，未来不能处理自己的情绪，做出极端和偏激的事情。当夜，我哭着和韬爸促膝长谈。男人毕竟要冷静很多，他说："孩子是没有问题的，所有问题都来自我们。"于是我们开始对小韬的成长进行了复盘。

一、增加父亲和同伴的陪伴，给予孩子安全感和归属感

小韬出生的第一年，是韬爸创业起步的关键期，公司特别忙。韬爸在创业城市还未买房，权衡之下，我只能带小韬住在娘家，和小韬的外公、

外婆一起抚养小韬，这一待就是三年。直到小韬三周岁后快上幼儿园了，韬爸事业有所起色，这才买了房，我和小韬才搬到韬爸的创业城市一起住。之前的三年，都是小韬的外公、外婆帮忙照顾孩子的生活起居。但这三年的生活无形中造成了他的这些行为。第一，因为和爸爸两地分居，小韬从小缺少父亲的陪伴，不自信。第二，我和小韬外公、外婆都属于比较安静的人，和小韬说话不多，导致他的语言发育相对落后。第三，老家环境相对闭塞，带孩子出去社交的机会不多。这些就是导致他内向、语言发育迟缓、情绪波动大的原因。

于是，我和韬爸商量了接下来的育儿重点。

（1）增加爸爸的陪伴，周末保证有一天的父子相处时光；

（2）帮小韬交几个可以玩到一起的好朋友，帮助他建立小社交圈；

（3）刻意增加语言交流，多关注和引导小韬的情绪；

（4）培养小韬一到两个兴趣，增加他的自信心。

小韬喜欢画画，上小班的时候和班里一个名叫范范的小姑娘一起报了画画班。范范的妈妈工作忙，没空接送她。每周一次的画画课结束后，我就把俩孩子一起接到我家玩耍。这个女孩乖巧懂事，伶牙俐齿，小韬从她身上学到了很多。这是小韬的第一个好朋友，他格外珍惜。关于让孩子学会交朋友这一点，我先主动和班里几个聊得来的小朋友的妈妈交流，慢慢熟悉之后大家经常组织周末聚餐、串门，去户外广场、游乐园玩耍。小韬很享受和小朋友们一起玩耍的氛围，在朋友身上找到了存在感和归属感，感受到了来自朋友的爱和被需要。

二、让孩子尝试新鲜事物，并学会表达自己的情绪

上中班的时候，小韬班里好几个小朋友都在学围棋，他好几次跟我提出也想学。都说学围棋能锻炼思维，学习礼仪，增加专注力，而对我来说，我最想培养的是他的抗挫折能力和意志力。

刚好遇上暑假,一开始我很犹豫要不要报班。第一,整个假期我是要上班的,如果上课,就只能由小韬的外婆带着去。第二,这是个暑期启蒙速成班,排课密集,强度大,我怕小韬吃不消。好在这个课家长可以进班旁听,小韬的外婆可以和小韬一起学。

我以为小韬会接受不了这么高强度的学习,没想到他学得兴致盎然。前期学的是一些基础知识,题目简单,小韬学得非常开心、顺利。这些内容我是没有学过的,小韬回家当小老师,从头到尾教我一遍,输出的过程又是学习过程。可是暑假结束,令人头痛的事情来了。

因为启蒙班的部分孩子不再继续学习,小韬这个班的孩子会被插入其他进度略快的班级,而那个班的学生年龄都比小韬大一些,我怕他会因为跟不上而受挫,但我又实在喜欢这个班的老师,无奈之下,只能硬着头皮让小韬跟着大哥哥们上课。好在暑假结束,我可以自己陪着小韬上课。

果然,上第一节课小韬的信心就垮了。课上两个小时的安排是一小时讲授知识,一小时同学之间练棋。讲新知识点的时候小韬还能勉强接受,练棋时他的心态就崩了。第一次在课堂上和小韬下棋的是一名二年级的学生,一上来就三下五除二,吃下小韬好几颗棋子。一开始小韬还只是面有难色，硬撑着不哭，几分钟后心态完全崩了，在班里大哭起来，老师也没有办法。

场面失控，我只能将小韬抱出教室。

"你下棋输了，是不是很伤心，很生气？"我问。

他点点头。

"嗯，生气是很正常的，因为每个人都想赢！如果妈妈输掉，妈妈也会不高兴的。"

小韬是不容易平复情绪的小孩，他依然大喊大叫，挣扎着想挣脱我。

"你看这个班里都是年龄比你大的大哥哥，他们学的时间比你久，所以你输掉是非常正常的。而且我觉得你能勇敢挑战他们已经非常非常棒了！"

小韬得到了共情，慢慢停止了哭泣。

"其实妈妈一点儿都不看重你这盘棋是输了还是赢了，妈妈看重的是你在下棋的过程中有没有动脑筋，认真地思考。"

这次之后，我成了小韬的陪练，跟他一起认真学习课堂知识，课后在家练棋。我的理解和接受能力显然是比他强的，但每次下棋时我会故意示弱，有意让他多吃子，这样一来，既保持了他的兴趣，又提高了他的自信心。

我每天陪小韬熟悉棋型，进行实战练习，这样练了一个月。后来一次围棋课上，老师让学生自由选对手下棋，小韬成了抢手货，因为大家都喜欢选择弱的对手挑战。可没想到，挑战小韬的同学输掉了那盘棋，不是他水平不够，显然是因为他轻敌了。

本来输赢也是正常的事情，但是我觉得这也是个很好的教育机会。于是下课后我又和小韬好好地聊了聊。

"下棋赢了开心吗？"

"开心！"

"嗯，这段时间你在家里认真练习，进步肯定是很大的。哥哥可能是觉得你下不过他，所以他太骄傲了，没有认真下！"

"嗯，我变厉害了！"

"所以，你看，下棋就是有输有赢的，输赢不是最重要的，认真下完每一盘棋，你的小脑袋就会变聪明一点点。"

平时，小韬的爸爸也会给小韬讲柯洁的故事："即使是世界大师，也会输给机器人，他也会难过，但是你看他也没有放弃呀！"

慢慢地，小韬遇到事情不再像以前那样焦虑、发脾气了，自信心和抗挫折力都提高了很多。父亲和同伴的陪伴给予了他足够的安全感和归属感。我们在学围棋的过程中理解和接纳他的负面情绪，并帮助他提升了下棋水平，他也在这个过程中学会了挑战和摸索，开始尝试新的事物，并学会了适当表达自己的情绪。

裘俊清
微博认证教育博主、微博原创视频博主
@韬妈教英语

毕业于澳大利亚新南威尔士大学翻译系，任培训学校合伙人，6年多工作经验。擅长初、高中学生英语提分辅导，少儿英语启蒙，陪伴100多户家庭的儿童开启了英语启蒙，帮助多位中、高考考生取得满意考分。

如何提升孩子的表达能力？

润润在上完小班之后转了幼儿园，本以为他适应能力不太好，没想到没过多久，老师反馈说，他与班里孩子相比，说话像个"小大人"，语言能力较其他同学强，这让我欣慰不少。我是从 2018 年开始在微博上断断续续记录润润的 #润言润语# 的，一方面是便于以后回忆润润童真的美好，另一方面是想记录下他的语言发展过程。

就在润润 4 周岁半时，我的 #润言润语# 系列里，第一次记录了一篇小诗歌，那是润润在公园里即兴创作的小诗歌，算是一个小里程碑式的进步。

一、鼓励孩子勇敢地表达自己

有人会说，润润肯定是一个语言表达能力有优势的孩子。但是我要说，不是。润润两岁多的时候，听他说话还很费劲。有段时间，他的话里总是带"嗯，然后"，不知道他要表达什么意思。他也干着急，还经常发脾气，为一点小事情就摔玩具。

有一天，他想看看玩具小车里面是什么样子的，但是怎么也打不开车门，一气之下，就把玩具车摔了。我知道这其实是他词语匮乏的表现，于是走过去问他："怎么啦？是这个玩具车门打不开吗？要不要妈妈帮帮你？"这就是让他知道，他要表达出来才可以。

"宝宝可以说出自己想要的东西，这样妈妈才能明白你想要什么，才能很快地帮助你。"这样鼓励他之后，他就知道下次遇到同样问题的时候，该怎么表述自己的困难了。后来，他的语言表达能力提高得很快，话也多了。

有一次我带他去公园玩，一个小朋友在草坪上踢球，润润看见了也想玩，他拉拉我的袖子，示意我去和那个小朋友说。我鼓励他说："你可以自己去问问小朋友，可不可以和他一起玩踢球。"在这样的鼓励下，他会更大胆地表达自己的想法，开始愿意尝试与陌生人接触。

二、引导孩子做语言输出

我是中文系专业的，在读大学时，印象最深刻的是我的现代汉语老师在课上说的"语言是习得的"这句话。语言习得的顺序是：语音、语意、语形、语用。对此，我在育儿过程中深有体会。

我特别在意语言环境的营造，从生活中的各个方面引导孩子从字、词过渡到说完整的句子，到使用成语，再到现在的开始酝酿诗歌创作。可以说，在学龄前，对于家庭在提升孩子的语言表达能力上的作用，家长不可不重视。

润润一岁多时，想吃柜子上的糖，就哼哧哼哧地想要爬上去拿。那个时期他还处在一个词一个词地输出语言的阶段，比如，他会说"妈妈来""妈妈做"。在这种情况下，我就给他一些简单的语言输入。

我跟他说："糖放在碟子里，糖放在碟子里。"接着他拿起一包糖，我又会说："润润拿起了一包糖。"如果他又拿起了一包糖，我就会说："润润又拿起了一包糖。"再接着我会跟他说："润润手里有两包糖。"接着他拿的糖越来越多，我就说："润润拿了许许多多的糖。我们来数一数，1、2、3、4、5……"

在跟孩子交流的时候，我会适当地简化我输入的语言，尽量保持简单而完整。在孩子做这些动作的时候，我用这些语言辅助他去理解、去描述他的动作。

在生活中，我也尽可能地给他创造"谈资"。比如，我和润润在吃栗子，我在旁边就会跟他说："一颗栗子。润润在吃一颗栗子，栗子表面滑滑的，栗子小小的。"然后继续说："妈妈剥栗子。"在和孩子一起吃零食的时候，尽量一边吃一边说，帮助他理解一些动词、名词、量词等。

再如，孩子会走路以后，我们在散步或者聊天时，或者在欣赏一些东西的时候,哪怕是自然风景,我都会尽量使用多一些的丰富的语言跟孩子交流。有一次我和他走着走着,看到花掉落在了地上。

我看到这种情景就会跟孩子聊:"润润,看,树叶散落在地上,有些地方比较稀疏,有些树叶比较干枯、脆弱、枯黄,有些树叶比较新鲜,可能是刚落下来。"我会努力用我的语言来描绘给他听。早上 7 点钟的时候,我们两个人站在阳台上,我跟他说:"润润,我看到阳光洒在屋顶上,洒在草坪上。"

其实并不是一定要在所有时候都刻意跟孩子做这样的语言输入。但是当家长有这个意识之后,就会很自然地在不同场景和情境中,在看到美的事物的时候,用自己的情感和语言去描绘和表达,这就是好的。而不是说在路上的时候,家长只顾自己看手机,或者和孩子一起欣赏风景的时候,家长只顾着自己,很少和孩子交流。

日常生活中,人与人之间的交流,以及看到情景之后的描绘,对孩子语言能力的培养都是很重要的。正如有一次润润在洗澡的时候,用了一些很优美的语言表达自己的想法:"妈妈,我觉得自己像个雪人,全身被雪白的泡泡包围啦!"

三、提高孩子表达能力的3个方法

1. 读绘本增加孩子的词汇量

优质的阅读输入可以增加孩子的词汇量。自打润润出生,我每天都坚持给他读绘本,从未间断。在我的影响下,他从可以坐着开始就自己翻书看了,每天睡觉前一定会要求我至少讲两本绘本。

润润的很多词汇和句子都来自绘本,时不时会蹦出绘本中的金句。我还在绘本阅读中适当加入看图说话。比如,在读《蚂蚁和西瓜》时,我们发现了图片中蚂蚁王国热闹非凡的情景,蚁穴的每个房间都有相应的标牌,如糖果、饼干、奶酪、宝物、施工现场……好有意思啊!我就教他如何仔细观察画面,并用上并列句式。

我引导他仔细观察这些画面,让他说出自己觉得有趣的地方,并把它找出来(可以多找几处,如挤牙膏、炒菜、种蘑菇、修鞋、施工、锻炼等)。我引导孩子说,"哇!蚂蚁王国好热闹啊!仔细瞧,里面有( ),有( ),还有( )。"还可以让孩子联想一下家里的蚂蚁在做什么,可以用上"有的……有的……还有的……"这样的并列句式。

2. 增加语言绘本的类别,增强孩子的理解能力

润润渐渐长大些后,我加大了对优质语言绘本的甄别和挑选,尽可能选择不同语言类型的绘本。优质语言输入是写作输出的重要前提,因此我们务必要给孩子选择优质的语言类绘本。我平时会多多挑选以下优质品种。

(1)诗歌类,如绘本《有一天》,该绘本讲妈妈见证孩子如何成长。这类绘本多表达强烈的情感,特点是语言优美、生动。类似的还有《亲爱的小鱼》等。

（2）故事类，如绘本《阿秋和阿狐》。这类绘本较有逻辑性，能帮助孩子在对话中理解用词。

（3）知识类，如《美国国家地理探索世界小百科》。这种科普类、认知类的绘本，多是陈述性的句子，词句关联性不大，却是词汇量最丰富的童书。

（4）无字书，如《海上奇妙夜》。这类童书考验家长和孩子的读图能力、语言组织能力和表达能力等。对于这种绘本只需根据自己的理解，读给孩子听就可以。

3. 建设优质的语言环境，提高孩子的表达能力

润润4岁后，我进一步加大了优质语言环境的建设，以丰富他的语言。除营造一个爱交流的家庭语言氛围外，还要尽可能地使用高级词汇与他交流，如成语。前段时间润润学了几个成语，如"迫不及待"，我教他："快来看看你的棒棒糖，你是不是迫不及待地想吃了呢？"孩子多听了几次，不用我解释，自然就知道"迫不及待"的意思了。有一天早上，润润说："妈妈，我迫不及待想起床了！"（因为我给他做了他最爱吃的松饼）

某天放学路上，润润突然对着落日说道："夕阳无限好，只是近黄昏。"对于这样的脱口而出，我并不奇怪，因为我之前带他爬山时，会把"横看成岭侧成峰，远近高低各不同"结合具体情境去讲解，孩子就有了这方面的意识并表达了出来。所以，如果没有让孩子联系生活、联系自己、产生共鸣，背那么多诗词还有什么意义呢？

《朗读手册》中说道：除拥抱外，我们能给孩子的最有价值且不昂贵的礼物就是语言。孩子说话，有早有晚，有说得好的，也有说得一般的。导致这种差异的原因主要是语言输入的问题。提升孩子的表达能力是家长的长期任务,抓住孩子语言发展的关键期,营造一个有利于发展语言的氛围,与孩子沟通越多,孩子的表达能力就会越强。所以家长多说话、好好说、慢慢说,是培养孩子表达能力的根本原则。

不代劳说话,说完整、简单的话,输入高质量的语言,在达到字词积累和熟悉语法逻辑后,孩子必然会妙语连珠、满口生花。

梨夏
微博认证:
教育博主
@润妈讲堂

今日头条认证育儿大V@润妈讲堂,百度问答达人,本硕皆就读于师范类大学中文系,曾获国家奖学金和省级优秀毕业生称号。在校期间辅修儿童文学,毕业后致力于儿童阅读推广,从业10余年,是亲子阅读推广人,同时擅长通过绘本阅读激发孩子的写作兴趣,打开孩子的写作密码。

如何提升孩子的自主阅读能力？

胖达刚出生，胖达爸就和我畅想胖达未来会是什么样子的。他可能爱户外运动，可能爱音乐，可能沉迷科技……

但胖达爸和我一直坚信，除了其他爱好，胖达一定还爱阅读。我们也会尽最大努力，让胖达爱上阅读。

我们为什么这么看重阅读呢？因为我自己就是"坚持阅读"的受益者。我生长在单亲家庭，正是阅读这个习惯，让我冲破了原生家庭的局限，用书里的内容来审视自己，自我突破，自我成长。

所以我和胖达爸希望，胖达也能有自主阅读的习惯，毕竟爸爸妈妈也会犯错，也有局限，所以希望未来他的漫漫人生路有书本给他指引，帮助他破解心中的谜团，找到问题的答案。

为了让胖达爱上阅读，我做了很多功课。我把我的心得写在这里，供家长们参考。都说阅读习惯的培养宜早不宜迟，不管你家孩子多大了，培养孩子阅读习惯的最好时间就是现在。

一、硬件：从家开始，为孩子创造适宜的阅读环境

1. 打造孩子的小图书馆

最开始我照着"经典书单"买了20本原版英文绘本，花了2000块钱。这20本绘本，连一个小书架都放不满，离"小图书馆"相距更远。但经济上不允许我每年都买上百本新书，怎么办呢？我开始在网上大量搜索信息，终于找到一家小型儿童图书馆的公告，因为换地址等原因，这家图书馆要卖掉一部分儿童图书。我看准日期，早早地去了，想着机会难得，一口气买了260本绘本。纸板绘本、互动书、功能书、情绪书、故事书、幼儿百科全书等，应有尽有，胖达两岁之前的书算是买够了，但花的钱居然跟之

前买20本新书的差不多!

经典书单当然是好的,但我们也可以尽量给孩子更多选择。买新书,特别是原版英文绘本,价钱较贵,家长可以多搜索一些次新二手书渠道。很多机构或者家庭搬迁之前都有卖书的计划,只要没有污渍、破损,就都可以大方接受。孩子从小到大每一年都需要买书,若能用同样的价钱买到十倍数量的书,何乐而不为呢?

2. 让孩子的生活里处处有书

有的教育理念强调,阅读区、娱乐区、休息区应该严格分开,以培养孩子的专注力。但我遵从的教育理念,建议把书放在任何孩子唾手可得的地方。除了胖达房间的专属书架,我还从宜家买了几个小型的儿童墙面书架,分别钉在玩具柜旁边的墙上、床垫旁的墙上、客厅走廊墙上。这样胖达无论在哪里,想看书的时候,随手就可以拿到。因为是小型书架,里面最多只能放10本绘本,因此我每两周会轮替一下,换上一些不同的书,让胖达有新鲜感,让他对书架保持好奇。

当孩子习惯了日常生活中处处有书,当孩子相信书就是家的一部分后,也就不会反感、排斥书了。就好比有的家长说孩子不爱学习,若家长把生

活中的方方面面都称为学习,研究新玩具是学习,和爸妈逛超市、选菜是学习,照着单子做烘焙是学习,给花草浇水也是学习……当孩子明白学习就是生活的一部分时,也就不会反感、排斥学习了。

3. 孩子不爱惜书?没关系

我自己十分爱惜书,绝大多数看过的书都跟新的一样。看到小孩子撕书、咬书,大孩子在书上乱涂乱画,我也心疼得倒吸冷气。但这些都是孩子的天性,在他们眼里,书就是玩具,这是他们玩玩具的方式。我们确实可以从小教育孩子爱惜书、珍视书,但那应该是在孩子已经有良好的阅读习惯之后的事。先让孩子爱上阅读,再教孩子爱惜书也不迟。如果一开始就要求孩子爱惜书,导致孩子对书"敬而远之",这不是得不偿失吗?

再次强调买次新二手书的好处。面对昂贵的新书,家长不自觉地会要求孩子爱惜书,这样就有可能打击孩子的读书兴趣。如果是便宜的二手书,家长更容易放平心态,任由孩子用自己喜欢的方式看书。被孩子撕坏的书,也可以留存起来,待孩子稍大些,拿出来一起修补。一边修补旧书,说着儿时的趣事,一边教孩子对书说"谢谢",这可是很棒的亲子手工活动呢。

4. 玩具太多了,买书吧

胖达一出生,我就母爱"爆棚",看着这个玩具可爱,那个玩具能益智,开始买买买。他的小胖手还不会抓东西,我就已经买了两大筐玩具。但胖达真的需要这么多玩具吗?我没有任何否定玩具的意思,玩具在儿童的成长过程中扮演着不可或缺的角色。但据我观察发现,绝大多数的家长都和我一样,给孩子买了过多的玩具,且大量重复,如50辆小汽车,30个公仔。

看看身边的家庭,几乎没有"玩具不够"的问题,只有"玩具太多不好收纳"的问题。在这种情况下,我强烈建议家长们把带孩子逛玩具店的时间换成逛书店,把买玩具的支出换成买书。书当然也可以成为孩子的玩具,这里我推荐老少皆宜的弹出立体书（Pop-Up Book）。巧妙的3D机关让图画仿佛从书中蹦出来，生动活泼地给孩子展现了各种故事，各个年龄段的孩子都会觉得有趣。缺点就是，立体书和普通书相比，稍贵。

常常有亲戚或者好友想来看看胖达，问我什么礼物是他需要的，我都回复，送本立体书吧！家长如果能把书看作一个有意思的玩具，收到书时流露出欣喜并表达感激，对每一本新书抱持好奇之心并充满兴趣，那么孩子也会有样学样，把书当成一个有意思的玩具。

二、软件：从零开始，雕塑孩子的自主阅读能力

有了硬件，我们还需要软件，那就是对孩子阅读习惯的良性塑造。怎么塑造？我的方法是，刻意忽略和积极关注。

因为家里各处都有书，我也经常看到，胖达才刚坐下，拿书翻了一两页，就把书扔到一边，扭头去玩他的玩具或者做别的事了。我频繁地注意到他对书的不耐烦、不专注，却完全忽略了那些他长时间坐着看书的美好时刻。

我的专业是脑科学，我深知这就是人类大脑的思维方式，即主动关注负面信息。关注负面信息能帮助我们避开灾难和危险，帮助人类适应环境，得以生存。但是当我们决定改变孩子行为习惯的时候，我们就必须强迫自己，打破这个"主动关注负面信息"的惯性。

胖达认真坐着看书的时候我没有觉察到，而胖达哪个时候坐不住，我立马就发现了。我心里着急，就开始教育他。但这个做法是错误的，正确的做法是什么呢？

正确的做法是，胖达坐不住、把书扔到一边的时候，我刻意忽略，假装没看到。与此同时，我积极去留意，胖达有哪些时候是在认真看书的。当他看完书时，我立马鼓励他："你真棒，刚刚自己坐着认真地看了好长时间的书，这本书是不是很有趣？妈妈真为你骄傲，你是个爱看书的大孩

子了。"

注意，忽略和关注必须搭配使用，且关注比忽略重要，关注的次数应远远大于忽略。

这个方法我已经教给了我的闺蜜宝妈们，一开始她们觉得很困难。

有的朋友说："我做不到忽略，我一看到儿子面对书本那个嫌弃脸，我就生气。这是教育他的好时机，忽略的话不是浪费机会吗？"

没有人会在有人溺水的时候教他游泳。同样，在孩子有不良行为的时候教育他，研究结果表示，效果并不好。刻意忽略很难，所以需要家长自己反复练习，克制自己想教育孩子的冲动，尽量保持平静。什么？你做不到？那你也不要希望孩子能改。

有的朋友说："我的孩子从早到晚就没有自己看书的时候，我打哪里去表扬？"

首先家长要反思一下，给孩子买的是否是适合他/她这个年纪的读物。仔细观察孩子，发掘他们的兴趣点，再根据他们的兴趣买书。比如，大多数男孩子都喜欢英雄、汽车类故事，而女孩子喜欢公主类故事。或者家长可以带孩子到书店，让孩子自己选书。

我让胖达挑了一本他自己喜欢的书，无论他翻开读了多久，哪怕只有五分钟，我都鼓励他："你真棒，你刚才认认真真看了五分钟的书呢，超人在你这么大的时候，也才可以自己看五分钟书，妈妈真为你骄傲。"

看我这样做，闺蜜差点疯了，说："什么，读五分钟就表扬？我可是希望孩子能自主阅读起码半个小时呢。"能自主阅读半个小时、一个小时，这确实是我们的目标，但是在最初想塑造孩子好习惯的时候，我们应该对孩子的小成就、小进步进行鼓励。

这就好比雕塑，我们渴望看到精致的成品，但哪一个艺术品不是由艺术家一刀刀地努力雕刻而成的？每一刀的雕刻，都离成品更近了一步，都值得鼓励。孩子也是一样，每一个小进步，都离最终的好习惯更近了一步，都值得鼓励。

三、超越软硬件：榜样的力量

每一位家长都知道亲子共读的重要性，我在这里无须赘述。但每个孩子性格不同，有的喜欢黏着父母让父母读书，有的更喜欢有自己的个人空间。所以，除了亲子共读，建议家长每天找个时间，规律地读自己的书，做孩子"身边的榜样"。

朋友们都知道我喜欢读书，可即便如此，我也不是天天都有心情读书。但我深知言传身教的力量，只要能让读书成为我的日常规律，潜移默化之下，读书也更容易成为胖达的日常。我将晚饭后的 30 分钟当成我自己每天固定的阅读时间。不管胖达在干什么，玩玩具也好，四处走着晃荡也好，我都会在这个固定时间打开我的书，一边看一边读出来。

为了能做到每天都看书,我把手上的书分成"功能性"和"消遣性"两类,并将它们放在不同的书架上。如果我今天心情好,状态佳,我就看"功能性"的书,如育儿指导书、时间规划书、财商书、辅食书等。如果今天状态不好,疲倦劳累,我就看"消遣类"的书,也就是再累都能看下去的书,如科幻小说、杂志等。

孩子最喜欢模仿,特别是模仿家长的行为。只要家长常常在孩子面前读书,那就是最棒的引导。有了硬件、软件、榜样,三管齐下,各位家长一定可以收获一个爱自主阅读的孩子。

尹梓

微博认证教育博主、微博VLOG博主、微博原创视频博主

@医生妈妈在美国

本科毕业于陆军军医大学(原第三军医大学)临床医学系,硕士研究生毕业于香港中文大学。曾任陆军军医大学附属新桥医院神经外科医生、香港中文大学附属威尔士亲王医院脑肿瘤研究员,8年多从医经历。现居美国,运营母婴育儿自媒体,拥有大量原创育儿博文及亲子视频,访问量达百万人次。

如何提升孩子的逻辑思维能力？

提升孩子的逻辑思维能力，我觉得最好用的方式就是用思维导图梳理思维。很多家长对思维导图并不陌生，我们也很容易在网络上查到各种思维导图的应用方法，生活里也会经常应用到思维导图。

那么，思维导图与我们的学习和孩子的未来有什么必然的联系呢？

一、思维导图，家长育儿的必修课

有一次，我带着儿子麦麦去淘气堡玩，看到一个小朋友的妈妈在训斥孩子。小朋友四岁左右，妈妈说要回家，可是小朋友说想多玩一会儿，妈妈叫了两次他都不走。可能觉得没面子，这位妈妈当下就把孩子拽走了，也不听孩子解释，当着那么多人的面，她感觉孩子被她征服了，很有成就感。

在和孩子的沟通中我们发现，很多时候孩子的想法我们很难理解，而这个时候如果我们用固有的思维与孩子沟通，让事情沿着我们的意愿发展，让孩子立即执行，那么孩子很难培养自己的思维模式。

怎样知道孩子想要什么、如何支持孩子想要的结果，在这个过程中家长的思维是什么、情绪梳理得怎样，都可以进行拆解。但是有的妈妈是意识型思维，有的妈妈是多元型思维。

比如，当孩子问妈妈："妈妈，小狗需要穿衣服吗？"

意识型思维的妈妈会说："小狗不需要穿衣服，小狗外面有毛发，它已经很温暖了。"

多元型思维的妈妈可能会说："如果从自身需求的角度讲，小狗的身上有毛发，具备抵御寒冷的能力，它不需要穿衣服。如果从人类审美需求的角度来说，有很多狗的主人愿意给他们的宠物小狗穿上美丽漂亮的衣服。"

意识型思维的妈妈会告诉孩子唯一的答案。这个是家长认为的，所以家长会和孩子说，小狗不需要穿衣服。多元型思维的妈妈接纳跟这件事情有关的所有观点，会尝试把与这件事情有关的所有观点都告诉孩子，还会告诉孩子，还有很多她不知道的，等待孩子去探索。

两种思维类型会影响孩子形成不同的性格。意识型思维会让孩子思维受限，让孩子认知狭隘且爱较真儿。孩子会难以更改自己的思维方式，听不进去别人的意见。

多元型思维的孩子，善于倾听、接纳、思考，不会轻易否定一件事。在思想方面和沟通方面，多元型思维的孩子和别人的链接会有很多路径，这样的孩子会让自己成长得更快。无论是哪种思维方式，都会对孩子的未来产生深远的影响，所以家长应该先学习幼儿思维导图，陪伴孩子养成好的思考习惯。

二、思维导图，孩子思维的必修课

很多人都见过思维导图，也听过思维导图。思维导图的形态非常多，在各种形式中都有一定的规律可循。思维导图能整合孩子的思维,让孩子在听、说、读、写各个方面将能力发挥得淋漓尽致。

思维导图分为单气泡图、鱼骨图、多元气泡图、线形图、树状图等。这里我们讲幼儿思维训练,所以用的是单气泡图和多元气泡图。

为了提升麦麦的思维逻辑能力,我开始学着画简单的导图。如下图所示,苹果是中心词,我们先画一个圆圈,中间写上苹果。然后以苹果为中心向外分散画直线,并在分支线上再画上圆圈。分支圈尽可能在四个到八个。

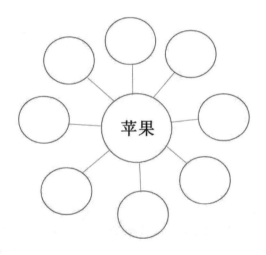

如果觉得分支少,可以继续画。建议家长和小朋友一起画。当你看到"苹果"这两个字的时候,你能想到跟苹果有关的都有什么?这个没有限定,把想到的内容往小圆圈里填充。如果孩子年龄太小,家长可以给孩子讲解。

在画的时候,我对麦麦说:"妈妈画一个,你跟着妈妈一起画。画一条线,连着一个小圈。画完之后,再画线,再画小圈。"我给麦麦这幅画取了个名字,叫《五岁孩子的苹果故事》。

麦麦会照着样子学。如果是年龄小一点的孩子,家长可以帮着一起画。麦麦画的时候,想到了很多内容,如苹果树、苹果汁和苹果的颜色。画完之后,我让他讲这几个图都是什么意思,他瞬间就可以连成一个故事。经常进行思维训练的孩子,对于事物的联动性、组织性、连贯性、创新性,与不进行思维训练的孩子是不一样的。

麦麦讲图的过程中,虽然有些语句不是很通顺,但是能把这些不相关的词语组成一个故事,这对于一个五岁的孩子而言,就是思维延展性的表达。

在思维训练的过程中,我会刻意让麦麦讲他画的图是什么意思,跟苹果的关系是什么。孩子说什么不重要,你会发现孩子的记忆会随着思维的联动而发生变化。如果家长和孩子一起画,家长就会发现,画完之后,妈妈和孩子的思维很多是相近的。

相比第一次画的图,麦麦第二次画得舒展了很多,他讲故事的思维表达也有了变化。

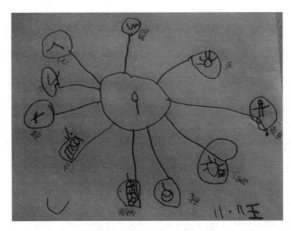

画思维导图的时候,最好用手绘,把 A4 纸横过来,按照上面的模板画。孩子可以用不同颜色的彩笔画,外面的分支有多少,气泡有多少没关系,画得不好也不要纠正。只要中间是泡泡,一条线外面连着一个泡泡就可以。一定要让孩子自己画,这样孩子的思维和线条是完全匹配的。通过对思维导图的绘制,孩子的线条布局会越来越平稳,思维也会得到很好的联系和修正。

画完之后,家长和孩子可以互相讲述。严格记住一件事:不要让你的意识型思维主导孩子,不管孩子画成什么样,都不要干涉和纠正。透过原始思维表达,才能看到孩子的很多东西。不要看结果,要看画的过程。

在画单气泡图时,我明显感到麦麦画得很顺畅,表达得也很清晰,这时就可以进行多元性思维导图的拓展了:将几个零散的、毫无关联的词汇联系起来编成一个故事。这个训练内容很简单、有趣,可以有很多变体。

多元性气泡图和单气泡图一样,照着图画下来就可以了。只是每个不同的分支多了三个细小的分支。

这时我开始扮演提示性的角色,对麦麦说:"小熊是一级分支,接下来要找跟小熊有关的内容。对小熊进行绘画或写文字的时候,就到二级分支。"同时我还提示麦麦："你看到小熊，会联想到什么颜色，它的衣服是什么样的，它是什么样的熊，手里拿着什么，有什么特点，是站着的还是趴着的，是什么表情，你都可以写。"

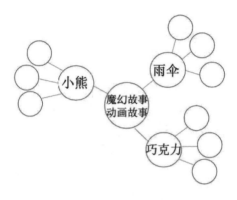

"看到雨伞你会想到什么？如果三个不够，可以多画几个。看到巧克力你会想到什么？想写的、想画的，你都标出来。"

三个思维导图放在一起训练之后，我让麦麦把小熊、雨伞、巧克力联系起来编一个故事。

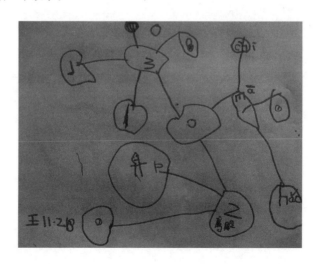

画完后麦麦对我说:"小熊变成了飞人小熊,它有一个很大的本领,可以变成雨伞。这个雨伞可以看到你的想法。"小朋友的想象力都是非常丰富的。有的小朋友不想用小熊当主人公,也可以用巧克力当主人公。

经过一段时间的训练,你会发现,原来孩子的思维表达是这样的。以前他跟你说的话,可能并没有引起你很深的感悟,但是随着思维训练的深入,你会清晰地看到孩子思维逻辑的发展情况。这就是会说话的思维导图带给孩子的成长和变化。爸爸妈妈快和孩子一起画起来吧!

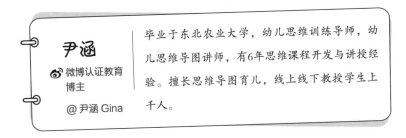

尹涵
微博认证教育博主
@尹涵Gina

毕业于东北农业大学,幼儿思维训练导师,幼儿思维导图讲师,有6年思维课程开发与讲授经验。擅长思维导图育儿,线上线下教授学生上千人。

第五章 别让学校成为孩子的"噩梦"

孩子，我希望你有一叶扁舟，可以在自己的世界里自由闯荡。我又希望你有知心的伙伴和交心的师友，在你颓丧的时候给你鼓励与希望，在你孤独的时候陪你一起休整再启航。我只能在你扬帆前给你准备好干粮，给你小伙伴以外的力量，因为你终有一天要独立远航。

孩子不愿上幼儿园怎么办？

"呜呜呜，我不想去幼儿园，妈妈不要离开我……"

果然，隔着远远的距离，我就听到了校门口我们班的小若撕心裂肺的哭喊声。这已经是小班开学的第6个早晨，小若仍同往常一样，哭喊着入园。

小若进入班级后，始终紧紧抓着书包不愿放下，坐在门口的沙发上，一边啜泣着，一边眼神直勾勾地注视着大门。我走上前蹲下，低声问小若："小若，书包一直背着会很不舒服的，要不我们先把书包放到书包柜，和小朋友们的书包一起'排排坐'，你需要的时候我们再去拿，好吗？"

小若一边摇头一边哭着说："我不要，我不要……"随即把书包肩带拽得更紧了。我考虑到小若之所以不放下书包，首先是还未将幼儿园当作"家"，没有建立集体的安全感；其次，她可能是希望背着书包，只要看到家长来接就能立马回家。想到这两点,我也就不着急要求小若放下她的书包了。

午餐时间到了,小若时不时回头看餐桌处,又低头看看自己的肚子。我看出她有些饿了,于是我轻轻走上前,柔声问她:"小若,要不我们先去吃点东西,这样才有力气等爸爸妈妈来接我们呀!"小若思考了一番,决定采纳我的建议,于是在我的引导下,她洗完手便坐在了位子上。

只见小若右手握拳似的握着汤匙,每一勺都只舀几粒米。这时,她看到碗里的丸子,小手抖抖索索地舀起丸子往嘴里送,但是小嘴刚碰到丸子,丸子就掉下去了。小若委屈地把勺子一摔,大声地哭了起来。

看到小若的委屈,我帮她把丸子用小勺捣碎让她舀着吃,这一次小若终于心满意足地把丸子吃下去了。在观察中我发现,小若的进餐速度比较慢,还不能自如地使用小勺进餐,手部动作还未达到标准。

午睡前,每个孩子都去上洗手间,就在这时乐乐在洗手间大声喊:"游老师,小若又尿在裤子上啦!"小若很少在班级里上厕所,经常憋尿,憋不住就直接尿在裤子里。

于是我们也格外关注她,一般过一会儿便提醒小若去上厕所。即便这样小若也常常尿湿裤子。观察发现,小若不会正确使用蹲厕,脱裤子只脱五分之一,半蹲着便直接尿下去,估计是在家中较多使用坐便器或者幼儿马桶,不熟悉蹲厕的使用方法。

因此,我决定今天傍晚和小若的家长好好聊一聊小若这周在幼儿园的情况。

一、孩子为什么不想去幼儿园?

从沟通中我了解到,小若的家人对小若上幼儿园这件事表现出莫大的焦虑,妈妈和爷爷奶奶的教育理念还存有分歧。同时,小若在生活自理能力方面也存在一些不足。综合分析，小若不愿上幼儿园有以下几个原因。

1. 家庭教养冲突给予了孩子心理压力

妈妈以积极的心态鼓励并支持小若上幼儿园，而爷爷、奶奶却以消极的情绪面对孩子的入园焦虑情况，不忍看到小若哭泣，甚至说干脆不上幼儿园了。小若一边面对妈妈的鼓励，一边面对爷爷奶奶的"护犊心切"，再加上孩子正处于初次建立外部集体安全感的紧要关头，孩子内在的"秩序"也紊乱了，所以小若一直无法正常建立幼儿园的集体安全感。长此以往，将对孩子的身心发展产生巨大的负面影响。

幼儿进入幼儿园是从家庭生活踏入集体生活的第一步，也是至关重要的一步。他们将离开熟悉的环境和至亲的呵护，以新的身份独自进入一个新的集体，能否适应人生中第一个重大变化，将对孩子后续的社会性发展产生深远的影响。

2. 幼儿生活自理能力不足

小若的父母平时工作较忙，因此爷爷奶奶带小若比较多。当孩子不吃饭的时候，老人家常常一边放动画片，一边喂小若吃，一顿饭要吃半个多小时。

在幼儿园没有动画片和喂食，再加上不熟悉汤匙的抓握方式，手部力量较弱，无法正常吃饭，这些都让小若一直无法适应幼儿园的生活。再加上小若家中只有马桶和坐便器，她不会使用幼儿园的蹲厕，于是常常憋尿，实在忍不住便直接尿在裤子上。

3. 缺乏简单的社交技能

当小若遇到困难的时候，如舀食物舀不动时，或者不会用蹲厕着急要尿尿的时候，她选择默不作声，独自承受。如果她能尝试寻求老师或者其他小朋友的帮助，那么我们就能更快地帮助她融入这个集体。

二、找到原因,"对症下药"

像小若这样不愿上幼儿园的孩子其实很多,不愿上幼儿园也是孩子入园焦虑的外在表现。如何有效帮助孩子顺利入园?其关键是要找到孩子不愿上幼儿园的真正原因,这样才好"对症下药"。因此,针对小若的这些情况,我有以下几个建议。

1. 营造轻松、舒适的家庭氛围

家长的焦虑情绪是会"传染"给孩子的,特别是家人间存在教养冲突的时候。家庭成员需要先私下进行沟通,对孩子的教养方式尽量达成一致。

家长要注意克服自己的焦虑情绪,尽量给幼儿以正面的引导。比如,可以通过讲述幼儿园有趣的内容,来激发幼儿对幼儿园的好奇心,给幼儿在心理上建立"幼儿园很好玩"的积极心态,如"宝贝,幼儿园有什么好玩的事吗?可以和我们说一说哦!"家长要尽量营造轻松、舒适的家庭氛围,帮助幼儿尽快适应幼儿园生活,培养幼儿的集体安全感和归属感。

2. 培养孩子基本的生活习惯与生活能力

一方面,要培养孩子自我服务的能力,如自己穿脱衣服、自己吃饭、自己如厕等能力。如果有必要,还可以帮助孩子给自己的物品标上记号,引导孩子认出自己的物品。

另一方面,要帮助孩子适应幼儿园的作息时间。家长可以先了解幼儿园的作息时间,在家里帮助孩子适应好。例如,幼儿园午休时间是12点,而幼儿平时在家是下午2点才午睡,家长就可以慢慢将幼儿的午休时间调整成和幼儿园午休时间一样,即中午12点。如果幼儿没有午睡习惯,则可以先让孩子适应在床上休息。

3. 培养孩子简单的社会交往能力

一方面,家长可以多鼓励幼儿,在需要帮助的时候主动向他人请求帮助,例如，提出要喝水、要如厕或者希望老师帮助更换衣服等请求。另一方面，平时可以约上班级中的小朋友一起玩，或是邀请同伴来家里玩。有亲近熟悉的小朋友在一个集体中，也能帮助孩子更好地适应幼儿园。

和小若妈妈沟通后，终于在妈妈和老师的配合下，小若入园哭的时间越来越短，次数越来越少了。最后小若不仅能开心地入园，还要求爸爸妈妈早早带她去幼儿园和她的新朋友一起做游戏呢。

游睿轩

 微博认证教育博主

@ 教育界小仙女

中华第一园厦门市日光幼儿园教师，毕业于华中师范大学学前教育专业，获得学前教育学士与心理学学士双学位。华中师范大学学前教育专业在职硕士研究生，曾赴台湾实践大学家庭研究与儿童发展学系交流学习。

同学让孩子不开心怎么办？

从上小学开始，孩子每天要在校园里度过十个小时甚至更长的时间，校园里最大的群体是孩子的同学。孩子与同学的相处是否愉快，对孩子的成长将产生非常重要的影响。当然，同学之间存在的竞争意识，以及相处方式，也可能会导致孩子不开心。

教会孩子享受校园生活，培养孩子的积极情绪，提升孩子在校园里的幸福感，会对孩子的自尊、学业成绩、社会关系产生积极的影响。

一、关注孩子的不开心

那天在学校门口接泰格放学，泰格和小伙伴一起说说笑笑地走出了校园，但小伙伴里没有和泰格经常结伴的小鹏。

接过泰格的大书包，我问道："泰格，今天在学校过得开心吗？"

这是放学后我们例行对话的第一句。放学后对学校中发生的事的总结非常关键，这个总结不是指当天学习成果如何、是否有考试、考了多少分，此时家长观察孩子的情绪、了解孩子的情绪以及排解孩子的情绪才是第一要务，孩子在学校过得开心最为关键。

影响孩子情绪和心理发展的事情，远比考试成绩更值得家长关注，考试成绩可以提高，情绪积累无处释放的话，对心理发育非常不利。

所以泰格放学后我们问他的第一句话都是，"今天你在学校开心吗？都做了哪些开心的事？"

那天泰格轻轻叹了口气，说："别的都挺好，就有一点不开心。"

我："哪一点让泰格不开心了呢？"

泰格："小鹏总推我，今天又推我了。"

我："小鹏经常推你？他是故意的吗？"

泰格:"我不知道他是不是故意的。"

我:"那他还推别的同学吗?还是只推你?"

泰格:"他今天不仅推了我,还推了大航。他把大航从第一排一下子推到了教室的最后一排,大航差点摔倒,就像飞过去一样。"这句话提醒了我:大航体型比小鹏要高大,但大航是个心理弱势的孩子。

于是我决定追问一个问题:"那你觉得小鹏为什么会推你和大航呢?"

泰格想了一下,说:"可能我们俩从来不打别人,也不骂人吧。"

我听后在心里做了以下打算。第一,要判断小鹏是不是故意推人,如果不是故意的,就是这小孩子行为方式不当,他自己无法评估行为的恰当性,也不知道行为后果,这需要找老师和他的家长谈一谈。第二,如果小鹏的行为是故意的,就不能低估泰格的不开心,要想办法解决让泰格不开心的问题。

二、化解孩子的不开心

我继续问泰格:"那泰格今天是怎么做的?明天打算怎么做呢?"

泰格有点灰心地回答:"我今天没和小鹏说话,以后我不想和他玩了。"

我跟泰格说:"没关系的,泰格可以继续和小鹏玩啊!只是下次在他要推你之前,你先躲开,之后一定要正式跟小鹏说,'不要推我!你推我我不开心!你还想做我的好朋友吗?'如果小鹏回答还想做你的好朋友,那你要告诉他,'你推我,我不开心了。我要在你道歉之后,再决定还要不要和你做好朋友。'"

泰格问:"他如果说不想和我做好朋友了呢?"

我回答说:"那你就和他说,'你推我,就是故意欺负我,我就不和你做朋友了!'"

泰格继续问:"那如果他说不做就不做呢?"

我马上回答泰格:"如果小鹏真说不做好朋友了,你就告诉他,他如果以后再推你,你就要打回去!"

泰格反问道:"可以吗?"

我一时没明白,问道:"什么可以吗?"

泰格问:"我可以打回去吗?老师说要和同学们做好朋友,妈妈你不也总说要友好地对待每一位同学吗?"

我回答说:"妈妈和老师确实都希望泰格和同学们都成为好朋友。但是如果同学的不好的行为是故意的、恶意的,我们就不能容忍,也不要忍。我们必须还回去,要反抗。第一,要让他知道自己的行为是错的;第二,要让他知道我们不会害怕他的行为;第三,要让他知道他恶意的行为是会遇到反击的,不仅会让他失去朋友,也会让他受到伤害。"

泰格继续小心翼翼地问:"那如果老师批评我怎么办?"

我回答了泰格长长的一段话:"如果老师批评你,你就先把妈妈跟你说的话跟老师重复一遍。如果老师还批评你,你放学了跟妈妈说,妈妈去跟老师谈,或者妈妈跟老师一起把小鹏的家长找来谈。泰格放心,你在学校解决不了的问题,妈妈和老师都能帮你解决,但最好的办法是你能自己解决。因为除了上小学,你还要上中学、大学,还要工作,你总会遇到让你不开心的同学或者同事,妈妈希望你能将你的不开心开诚布公地说出来。如果能继续做朋友最好,不能做朋友我们就远离。这样就不会再影响你的心情,也不会影响你和他的关系了。"

得到了理解和支持,泰格舒了一口气,神色轻松地去玩了。

孩子在学校遇到令自己不开心的行为,不应该默默忍受。孩子不应该害怕表达,要学会表达,并且不惧怕有恶意行为的孩子。孩子要有与有恶意的人直面的勇气和能力,不要过度忍让,否则可能会形成懦弱的性格。

"不进一寸,也不失一毫"是孩子乃至成人在这个社会上的一个基本原则。当孩子勇于表达自己的感情,解决和同学间的不快时,他们的不开心也许会在这个过程中烟消云散。

艾雪
微博认证教育博主

@普通高校非主流教师

高校教师,学生评选出的"我最喜爱的教师",学校的"十佳思想教育工作者",就读于东北育才学校的阳光男孩儿泰格的妈妈。

孩子如果遭遇校园霸凌怎么办？

最近看了电影《少年的你》，让我重新审视了校园霸凌问题。这是一个具有广泛代表性，非常容易共情的现实议题。校园霸凌问题一直以来都是家长们关注的焦点，在实际生活中，我们也听说过或者亲身经历过校园霸凌，在一些偏远地区或管理较差的学校，暴力事件更为常见。

对于一部分孩子来说，校园霸凌带来的恐惧和阴影会长期如影相随，一些节点上如果处理不好，孩子的人生走向可能会完全不同。

公安大学的李玫瑾老师说，校园霸凌是全世界都面临的问题，小学后期到中学阶段高发。男生青春期的攻击行为很明显，而女生的霸凌现象则更隐蔽，更难发现。

一、及时发现孩子的反常情绪

我的表弟现在读小学四年级，学校在老家小镇上。由于很多家长外出打工，留守儿童很多，导致他们的学校比较乱，学生打架、霸凌的事件时有发生。比如，经常有高年级的学生收低年级学生的"保护费"，校外"混混"收高年级学生的"保护费"。

表弟属于乖巧型学生。有一次在电话里听姨妈说，表弟也被收了"保护费"。我很惊讶，赶紧找表弟了解情况。原来，表弟被收"保护费"有巧合的成分。他的一个好朋友不知怎么被一个混混"关照"了，要他一周交一次"保护费"，一次50块钱。有一次收钱的时候，混混蹲在门口，看到被收"保护费"的学生和我表弟一起走了出来，就让表弟以后也一起交，如果不交就要挨打。

表弟说："我很害怕，不敢告诉家里人，每天都不想去上学，但是又不得不去。如果不交钱，很可能被打一顿，幸好还有300块压岁钱可以暂时救急。"

我问他："一开始为什么不告诉你爸妈呢？"

表弟说："他们在外打工，电话里说了他们也是干着急。但是这些钱交几次就没有了，所以有一次打电话时我把这事告诉了我爸。他很惊讶，马上打电话找班主任说了。"

但是，班主任的做法很简单，他把表弟、表弟的朋友，两家能到学校的家长叫到办公室了解情况，最后训斥了一顿，大意就是家长要管好自己的孩子，并没有其他做法。开完会后，孩子还是继续交了几次"保护费"。

听了这个事情，我让姨妈找到被收"保护费"的几个同学的家长，一起报了警，并联系了老家的舅舅，让他在那段时间负责接送表弟上下学。因为好几个家长一起报了警，警方很重视，很快混混被抓，表弟也因此第一次被警察叫去做了笔录。

一旦孩子从学校回家后表现异常，或者说自己遭遇了暴力问题，家长一定要及时了解情况，帮助孩子解决问题。如果当霸凌发生时，旁观的人用"一个巴掌拍不响"的态度看待这个问题，那么只会让被霸凌的孩子更恐惧、无助。

二、让孩子认识霸凌问题的边界

我上初中时一个班有 70 多人，老师精力有限，只能多关注学习成绩好的同学。学习优秀的学生有老师关照和保护，属于光明界；学习差的学生属于黑暗界。两边仿佛阴阳两界，界限分明。而我属于介于光明界和黑暗界的中间地带，霸凌往往就发生在我这样的学生身上。

有几个发育较早、个子比较高的男生，常常以欺负人为乐。比如，他们会纠集几个人，在路上扔五毛钱，然后躲在一边，发现有可以欺负的男生捡了钱，那个人可能就会在嬉笑中被打一顿。

有一次快上课了，不知情的我捡了钱，然后就这样被他们打了一顿，我知道不能示弱，不然以后就会一直被欺负。上课铃响了，大家纷纷往教室跑，进门的时候我抓住最后落单的那个大个子（他一米八以上，80 多公斤，我很瘦弱，不到 60 公斤），虽然我知道打不过，但还是给了他两拳，他转身给了我一脚，我重重地摔在门上，衣服上留了一个脚印。

全班人目睹了这场冲突，但是鸦雀无声，然后我忍着眼泪去找老师，班主任不在，其他老师看到了那个脚印，但是也没有给我任何帮助。

因为我不肯示弱，情况慢慢有了好转，没有人再主动欺负我，我也多了几个能玩到一起的"兄弟"。但我明白，这还不够，我必须让老师看到我，才能远离冲突，我得想办法从黑暗界上升到光明界。升入初二后我开始努力学习，成绩突飞猛进，慢慢也得到了老师的关注。成绩提高后，以前很多欺负我或者打算欺负我的同学，开始找我讨论问题，霸凌问题暂时就这样解决了。

事实上，因为边界的模糊和孩子解决问题的能力不足，再加上家长和老师固有的偏见，导致很多被欺负的孩子没有找到获得帮助的渠道。对施虐者而言，受虐者没有什么特别之处，都是可替代的，只是他正好在对或错的时间出现而已。长相、穿着的不同，甚至是口音的不同，都会让一个孩子成为霸凌的对象，在施虐者的眼中，受虐者甚至不是"人"，只是一个供他发泄的物品。

霸凌来源于英文 Bully 一词，有报道称，美国有 10%~20% 的人在读书时经历过校园霸凌。很多家长甚至是老师也分不清霸凌和打闹。郭凯平教授给了霸凌四个标准：第一，恃强凌弱，是体力、人数或性别上强势的一方做出的行为；第二，有伤害意图，强势一方企图给对方造成痛苦，并从中取乐；第三，重复发生，起码出现两次以上；第四，挑衅在先，如果正当防卫，就算不上霸凌，只有那些无理由的攻击才能算霸凌。

三、孩子怎么做才能避免遭遇霸凌？

首先，孩子要从小养成运动的习惯，拥有爆发力。对于小学、初中阶段的孩子而言，有能力反抗是避免霸凌的重要一环。我们要有规则意识，不欺负别人，但是当别人欺负我们的时候，我们要有能力打回去。孩子的规则其实就是这么简单。如果当年我没有意识去反抗，后面可能会一直被欺负；如果我当时不是一根瘦"竹竿"，也许他们不会那么放肆地欺负我。

其次，家长要和孩子保持良好的沟通，观察孩子的情绪，如果孩子情绪有异常，一定要及时沟通了解情况。另外，遇到问题的时候，选择相信孩子，帮助他解决问题，而不是当头批评。一定要坚定地站在孩子一边，因为他别无依靠。很多家长知道自己孩子被欺负之后，第一反应是觉得孩子没用：你受了欺负，就应该打回去，在家里抱怨算怎么回事？因此会指责孩子，觉得孩子不争气。

很多家长让孩子在被欺负后打回去，可是孩子要么是没有能力，要么是被孤立，因此这一方法根本不可行，这样的沟通只要有一两次，孩子就不会再向家长求助了，因为他知道家长帮不了他，说了也没用，这是真正的孤立无援。初中时期面对霸凌，我也从没跟家里人讲过，因为我从之前的经验里知道，他们帮不了我。

再次，关注家庭问题。就像《少年的你》中的陈念，其实很多被霸凌的孩子是家庭有问题的孩子，家庭问题导致他们显得"异类"，容易被施暴者盯上。家长的缺席导致孩子遇到霸凌时没有依靠，孤立无援。试想，如果陈念有一个完整的家，能随时找到她的爸爸妈妈，那么遇到霸凌时，她至少有求助的人，而不是靠偶然的契机遇到的小北来保护她。

最后，关注孩子的情绪，从小教会孩子在冲突中表达情绪，锻炼孩子协商解决问题的能力。比如，在幼儿园里，两个孩子在玩，一个孩子把另一个孩子搭了很久的积木城堡弄倒了，很多家长或老师可能会在了解情况后让两个孩子握握手，以为这样就解决了问题，其实这种做法并不利于锻炼孩子的协商能力。正确的做法应该是让孩子自己协商并给出解决方案，家长和老师给予密切关注，必要时再对孩子加以引导。

协商能力强的孩子，遇到霸凌的机会会少一些，因为在矛盾还没激化的时候，孩子可能已经以自己的方式将其化解了，而不是等爆发出来家长才知道。

希望我的这一点经验能帮到大家去关注校园霸凌问题。霸凌问题非常普遍，但是又很隐秘，对受虐的孩子而言是非常痛苦的一件事，那种不敢去上学又不敢对家里人说的矛盾，我经历过。网络上不时会出现校园霸凌的视频，逼人下跪、逼人脱衣，一群人打一个人，有人在冷漠地围观，有人在开心地拍视频。甚至还有小女孩眼睛里被塞纸片、身体被戳出血这样的极端案例发生。

　　我们看到的这些只是冰山一角而已。家长、老师和学生都不要做冷漠的看客，霸凌现象才会减少一些。另外，家长要采纳前文中提到的几条建议：帮孩子养成运动的习惯，让孩子拥有爆发力，相信孩子，当他们的坚强后盾，从小教会孩子在冲突中表达情绪，锻炼孩子协商解决问题的能力，并及时向老师反映情况。因为霸凌不可能消失，我们只能防患于未然。

黄平庆
微博认证母婴育儿博主
@海马爸爸Sam

毕业于中国传媒大学，前媒体人，现任某互联网独角兽公司新媒体负责人，帮助公司搭建了百万"粉丝"的新媒体矩阵。家有萌宝，目前致力于儿童心理、亲子教育的学习和研究。

进入小学前是否有必要上幼小衔接班？

2019年9月，我女儿正式踏入小学的校门。像许多家庭一样，我们经历了递交简历、游园面试、筛选录取等一系列的入学程序，直到最后尘埃落定，我女儿终于成为一名寄宿制小学一年级的学生（办了走读）。

一直以来女儿的性格被公认为内向、害羞、慢热，但是我对于女儿能适应小学生活这件事毫不怀疑，我相信女儿一定会喜欢自己的学校，喜欢上学。

其实我女儿在刚上幼儿园时是一个每天都哭着不去的小哭包，但正如我所料，走进小学校园的她，在经过了最初一个月略显混乱的适应期之后，就顺利进入了小学生状态。她在学校里越来越开朗活泼，越来越愿意分享快乐，回到家里总是跟我们讲述各种关于学校、同学、老师的事情，叽叽喳喳说个不停。

学习方面她也很少让我费心，虽然她不是学霸，不会每次都得到老师的表扬，但是在日常交流中，老师告诉我，在学校里女儿喜欢阅读，上课听讲认真，遵守纪律，作业和测试都完成得很好，是那种不需要老师操心的好孩子。

现在回过头去看幼升小这段经历，我认为做得最正确的事情就是让她上了一个合适的幼小衔接班。我女儿不仅在这期间进行了简单的知识学习，更重要的是从心理上和生活规划上都尽量向一名小学生靠拢，提前养成了良好的学习和生活习惯。

其实，关于幼小衔接，在一年之前我身边还有很多反对的声音，而现在我可以很肯定地说，这些担心都是多余的。比如以下这些观点。

一、幼儿园的老师也很注重孩子的习惯培养,没有必要专门上幼小衔接班

幼小衔接其实是为了帮助小朋友顺利平稳地适应小学生活而进行的一种模拟和缓冲。

记得在幼小衔接班期间,女儿最大的收获就是迅速学会了拼音和查字典,然后告别了低幼绘本,正式开始阅读各种图书。通过大量阅读,她很快又进一步熟悉了拼音,学习了更多的字词,在阅读方面的进步非常快。所以,当女儿进入一年级,许多同学还在苦学拼音的时候,她就可以阅读只有纯文字的书籍,写字组词从不用拼音来代替。

在这个过程当中,女儿的学习习惯是在潜移默化中形成的。上小学后,女儿回家后经常告诉我,老师不只是提出"身体坐端正,眼睛看老师"这么简单的要求,而是要求学生跟着老师仔细观察,认真思考;女儿阅读一本书时,学会了通过观察封面、熟悉目录等信息来了解这本书;女儿知道了写课后作业不是做完了就去玩,而是要先复习一遍所学的内容,再做作业,做完作业自己检查一遍,更正错误,然后预习一遍新课。通过这一系列的学习流程,女儿养成了比较好的学习习惯。

在学习习惯的养成中,我惊喜地发现她的生活习惯也有了很大的改进。上幼儿园时,女儿不爱上学,每天都要赖床好久,但是在上幼小衔接班这段时间,女儿特别想早一点去班级看各种图书,早晨如果还像以前那样赖床懒散,就有可能迟到,所以她就会早点起床吃早餐,或者晚上早睡。

如果女儿放学了想跟小伙伴一起玩儿,那作业就有可能无法完成,所以她学会了在完成学习任务之后再玩耍,也加快了吃饭的速度。更让人惊喜的是,她会减少看电视的时间来争取多做一些自己想做的事情。这些生活中点点滴滴的小事,促进了她的生活习惯慢慢地变得越来越好。

二、现在孩子压力太大，就在幼儿园快乐地玩三年，进入小学之后再开始好好学习

我有一位朋友是大学老师，从小就是学霸，学习对她来说从来不是难事。在养育孩子方面，她认为孩子有一个开朗的性格和快乐的童年比什么都重要，所以她的计划是正式上学之前不要学习，上学之后再开始带着孩子发力。于是，孩子在上小学之前兴趣班想上就上，不想上了就换别的，对于上幼小衔接班更是嗤之以鼻。

孩子就这样开开心心地到了一年级，好日子就真的过完了，用我这位朋友的话说，一开学两眼一黑，三座大山压下来了。

第一座大山是课堂纪律。据老师说，这位小同学平时看着挺文静，没想到上课的时候异常活跃，听得高兴了就哈哈大笑，还跳起来给老师鼓掌，不高兴了或坐不住了就伸懒腰、踢蹬腿，老师在课堂上纠正了很多次都不见效。我朋友作为一名大学老师，听老师说起孩子的这些表现十分汗颜。为了这个问题，她跟老师配合着足足纠正了孩子一个学期，到学期末才好一些，这中间费的心比她自己上一学期课还累。

第二座大山是学拼音。学校一年级就开设英语课，小朋友拼音还没学清楚，英语字母就来了。拼音的26个字母跟英语的26个字母几乎一模一样，但是写法又各不相同，孩子完全被搞晕。朋友本以为小学的作业很好辅导，然而大学老师亲自上阵的结果就是孩子哭得"撕心裂肺"，自己气得"七窍生烟"。最后她不得不承认术业有专攻，大学老师搞不定一年级小娃。

第三座大山则是写字。朋友自己并不看重书写，她认为答卷正确才是得分条件，书写漂亮只是锦上添花，还不止一次地和我吐槽目前市面上的练字班。但是没想到进入小学之后，老师对学生书写的第一个要求就是笔画标准、书写规范、书面整洁。

这是小学生书写的基本要求，可对于完全没有捏过笔的小朋友来说太难了。坐姿、握笔姿势、笔顺笔画，都需要一一辅导、一一纠正。于是每天放学之后孩子写作业的过程简直水深火热，她自己辅导了几个月之后，毅然给我打电话，要我帮她找一个练字班。

后来朋友对我说，通过这几件事她想明白了，学习是贯穿孩子一生的习惯，并不存在一个突然开始学习的按钮。婴儿从一出生就在学习，学习吃奶，学习翻爬起坐，学习吃饭，学习走路，学习与人沟通，学习与外界相处。每个年龄段都有相对应的学习内容，每一项学习任务都不轻松，不同的只是有些孩子的学习具有天生的内在驱动力，有些则需要外界的引导、督促。

三、上幼小衔接班会导致孩子正式上小学时对学习失去兴趣

有朋友问我，你女儿上了一年的幼小衔接班，那一年级的学习内容对她来说肯定很轻松吧？你女儿在班上一定是学霸吧？

我大大地摇头，完全不是。

虽然我女儿提前上了幼小衔接班，但是真正进入一年级的学习并不轻松。孩子在进入小学之初对于新环境、新老师、新同学的适应就会耗去不少精力，同时小学的教学要求比较严格，学习进度也比较快，能跟上老师的进度就不错，要做学霸可真不容易。

就以语文学科为例，不管孩子们基础如何，老师都只会用一个多月教完拼音的全部内容，进度非常快。除了重头戏拼音，其间还会有简单的课文需要理解和背诵。课文中会有生字，老师鼓励孩子们用生字组成新的词语，再将拼音运用到新学的字词上，在这个过程中复习和巩固拼音，反复运用拼音，这对于学过拼音的孩子而言也是很有新鲜感和挑战性的，根本不会枯燥和无趣。

也有朋友问，既然上幼小衔接班不会让孩子成为学霸，也不会让孩子学习更轻松，那上了有什么意义？

我认为是有意义的。最大的意义在于，孩子从心理上适应了学习的节奏，在生活上适应了正常的学习规律，养成了比较好的学习习惯；在课堂上能够跟紧老师的教学进度，有能力去配合老师思考进阶的拓展内容。

虽然我女儿不是学霸，但是她在学习过程中对自己的学习能力越来越有信心，上课越来越愿意积极思考和回答问题，对于老师的建议能够接受，并且能一一做到，这样就足够了。

所以，千万不要担心上过幼小衔接班的孩子会对学习失去兴趣，就像老师在开新课之前会要求学生们认真预习一样，孩子们适当地提前熟悉在小学即将面对的各项内容是非常有必要的。

上小学之后，每一位家长都会发现，小学跟幼儿园之间的差距犹如鸿沟，不论是心理上的转换，还是学习强度、生活习惯的改变，都会让家长和孩子遇到许多意想不到的压力和困难，这个特殊的阶段对于每个孩子来说都是一个不小的挑战。

而幼小衔接，正是在两者之间提供一个缓冲和平衡。作为一个刚走过幼升小阶段的家长，我真心希望所有的家长们放下焦虑的心态，陪着孩子一起认真对待这个时期，为孩子今后长期的学习生活开创一个美好的开端，打下一个坚实的基础。

颜萍
@思思源泉

毕业于湖北大学新闻系，拥有10余年工作经验，曾供职于某市级电视台新闻中心，曾任某香港上市公司企划经理。目前是全职妈妈，兼职撰稿，热爱读书，擅长从实战中总结育儿经验，同时努力寻求自我成长和突破。

如何为孩子选择合适的幼小衔接方式？

先说一个身边朋友亲身经历的小故事。

朋友阿瑞是一个十分重视幼儿教育，并且特别愿意为了孩子的学习付出金钱和精力的家长。

孩子一岁多的时候，她就每天带着孩子一起读绘本、讲故事，培养孩子的阅读习惯。为了给孩子做英语启蒙，从孩子两岁多开始，她就买遍了各种英语分级读物和电子设备，给孩子练发音、磨耳朵；孩子三岁之后每天做数理思维训练，各种数理桌游、益智棋牌都摆出来跟孩子一起玩儿。市面上各类稍微知名的兴趣班、网课、中英文读物、学习装备等周边产品她都能如数家珍，并且还了解得十分透彻，分析利弊头头是道。

孩子要上幼儿园时，她四处打听，将孩子送进了一所知名幼儿园，享受着各方面都十分优质的教育资源。当身边的朋友们都在为进入小学做准备，进行幼小衔接学习的时候，阿瑞为孩子看好了一所知名的外国语小学。这是一所政府重点扶持的小学，历史悠久，教学资源丰富，培养过许多出色的人才。同时，这所名校的招生要求也比较高，学生需要通过十分严格的游园面试，合格之后才能入学。

为了让孩子能够顺利通过面试，阿瑞放弃了普通的幼小衔接班，而是在一所知名教育机构开办的名校冲刺班报了名。这个冲刺班是专门针对该名校的招生要求来设计的，主要教学内容就是孩子们即将面临的各项笔试和面试的考试技巧和提分技能。所以，当周围的小朋友们按部就班上着幼儿园或者幼小衔接班的时候，阿瑞每周末都带着孩子奔波往返于去冲刺班的路上。

阿瑞本以为孩子不笨，各方面教育也很到位，再加上冲刺班的学习，孩子有较大概率可以如愿进入该名校，结果非常戏剧化的是，阿瑞孩子幼升小的那一年，由于报读该名校的学生太多，为了限制游园面试的人数，校方突然宣布采取电脑摇号的形式，只从报名人数中筛选出一半的学生进行游园考核。就这样，因为突如其来的政策原因，阿瑞的孩子错失了该名校的游园机会。

摇号结果出来的时候阿瑞简直哭笑不得，但由于时间已晚，来不及再报其他的优质学校，阿瑞只好决定让孩子就近入读对口的小学。这所对口小学与那所知名外国语小学的教育风格和体系完全不是一个类型，阿瑞和孩子一起辛辛苦苦准备了将近一年的名校冲刺不能说白费心血，也浪费了太多的时间和精力，这对于孩子和家长来说太可惜了。

名校冲刺班也是幼小衔接的一种形式，但它的针对性非常强，为孩子教授考试、面试的技巧重于知识学习和习惯养成，并不适合大多数孩子。现在怀有名校情结的家长太多，像阿瑞这样因为过于迷信冲刺班而一意孤行的家长还有很多。如果她考虑得更全面、稳妥一点，就不会被意外的变化弄得措手不及，而在孩子的幼升小阶段留下那么多遗憾。

每年的9月，都是一批小朋友告别幼儿园阶段进入小学生活的开端，这对于这些小朋友来说是一个非常大的挑战，也可以说是他们人生当中第一个重要的转折点。为了完美度过这个转折点，许多家长会提前为孩子做好幼小衔接的准备，帮助孩子提前适应小学生活。但是由于市面上幼小衔接班的类型越来越多样，很多家长不知如何选择。目前，教育市场中的幼小衔接班主要集中于以下几种类型。

幼小衔接班主要类型

班型	特点	收费	适合家庭
全日班	全面型，高度模拟小学生活作息和授课内容	按学期收费，相比幼儿园费用较贵	小朋友具备一定的学习和生活自理能力，想要全面适应小学学习内容、生活习惯的家庭
周末班	知识补充型，只在周末开班，学习补充小学相应的学科知识	按课时收费	需要在幼儿园的学习之余进行相应的学科知识补充的家庭
寒暑假班	知识补充型，只在寒暑假开班，学习补充小学相应的学科知识	按课时收费	需要在寒暑假有时间进行相应的学科知识补充的家庭
名校冲刺班	针对性强，专为进入特定名校面试准备的短期培训班，主要传授面试技巧和押题答疑	按课时收费，价格高昂	有明确的目标学校，想了解该校具体的招生要求，并且愿意进行专项培训的家庭

不管是老牌的知名教育机构，还是新开设的特色教育机构，看起来都各有优势，但是其本质区别并不大。除综合考虑距离远近、师资水平、教学环境、家长口碑等客观因素外，各个家庭还应该根据自己家庭和孩子的具体情况来选择不同类型的幼小衔接方式。

看上去上幼小衔接班只是家长做一个决定的事情,但是在做选择之前,请先认真思考几个问题,了解清楚自己和孩子的需求之后再确定合适的幼小衔接班,避免因为自己的考虑不周而耽误孩子的时间和精力。

一、我们对孩子有多大的预期?

家长对孩子的预期,不应只是希望孩子好好学习,而应是在考虑家庭经济实力、家庭成员拥有的资源、孩子自身优缺点之后,对孩子未来发展有一个大致判断。

如果我们希望孩子从一年级就有一个良好的学习开端,或者对于未来的学习任务有一定的规划,那就可以通过系统性的学习来做好充分的入学准备。

如果我们既想要孩子开心、完整地度过幼儿园这个阶段,又不想让孩子在一年级学习压力太大,那么可以在寒暑假期间提前熟悉一下相应的学科知识,家长在平常为孩子做好入学的心理准备,一般也能平稳度过幼升小阶段。

二、孩子目前的认知情况如何?

据我所知,有很多家长并不了解自家孩子,既不知道孩子在幼儿园学习了什么,也不清楚孩子的优点是什么、缺点在哪里。这样的家长很容易一会儿因为孩子的优秀大为惊喜,一会儿又为孩子的落后而唉声叹气。

其实,家长只要每天抽出一点时间来认真地陪伴孩子,观察孩子,很快就会知道自己孩子的成长状况,如他是否掌握了一定的学习能力、在学校的学习情况如何、有哪些欠缺、生活自理习惯怎样、与同学相处得是否融洽等。了解到这些情况之后,再根据孩子的具体特点来考虑如何进行幼小衔接,才能做到有的放矢。

三、了解孩子将要面临什么，即将学习什么

很多家长不确定该如何进行幼小衔接，主要是因为掌握的信息不足。只要我们了解清楚孩子将要面临的是什么，就很清楚该如何进行幼小衔接了。

首先，家长可以向幼儿园老师了解一下孩子幼儿园大班即将进行的学习计划，看看是否有需要补充的地方。

其次，找到已经上小学的孩子的家长，了解一下小学一年级的生活规律和学习要求，越详细越好；自己实地走访一下目标小学，跟一年级的老师聊一聊，了解小学生的日常学习生活规划、课程表等，知道孩子将如何在学校度过一天，将面临哪些学习任务；买一套小学一年级的教材回家研究一下，了解学习范围和教学要求等。

最后，实地走访，多了解一下市面上的幼小衔接机构，如孩子将在这里学到哪些内容，这些机构有着怎样的学习氛围等。

家长考虑清楚以上这些问题，就已经将关于幼小衔接的各项重要信息掌握在心中了，再结合家庭、孩子的实际情况，如何选择适合孩子的幼小衔接方式就能轻松找到答案。

颜萍
@思思源泉

毕业于湖北大学新闻系，拥有10余年工作经验，曾供职于某市级电视台新闻中心，曾任某香港上市公司企划经理。目前是全职妈妈，兼职撰稿，热爱读书，擅长从实战中总结育儿经验，同时努力寻求自我成长和突破。

妈妈应该如何与老师进行有效沟通？

孩子要上幼儿园的时候，家里人比孩子还要紧张。

记得看过一张图，爷爷、奶奶、爸爸、妈妈用各种姿势趴在学校周围，配文是"TA不是小偷，只是孩子第一天上幼儿园"。我看到图片时哈哈大笑，因为实在太形象了。

好友家孩子第一天上幼儿园时，她在旁边咖啡店里坐了一上午，随时准备冲进去"解救"孩子。我刚听到时，感觉好友太夸张了。结果等我家孩子上幼儿园时，我绕着幼儿园转圈，听到一点点声音就马上屏息、竖着耳朵努力分辨，心想会不会是我女儿在哭。来回走了一上午，就好像孩子去的不是正常的学校，而是一个危险地方，随时需要我去"解救"一样。

孩子在家里自由惯了，从小有家人哄着、陪着，到幼儿园开始融入集体生活，能不能跟小朋友合得来？会不会哭？饭菜合不合胃口？老师会不会凶孩子？爸爸妈妈整天都在担心。但是，幼儿园三年读完，我觉得还好，只要与老师及时沟通，基本能解决大部分的问题。

一、和老师的沟通从家访开始

首先，我们需要弄明白，老师家访的目的是什么。知道了家访的目的，我们也就知道了应该如何和老师沟通。

家访是老师了解孩子、了解家庭的重要途径，也是让家长和孩子认识老师、熟悉老师的第一步。等真正到幼儿园时，孩子对老师有熟悉感，就不至于完全排斥幼儿园了。

其次，家访前家长和孩子应该做好准备。

老师家访通常会提前打电话，在等待老师家访之前，家长不妨和孩子一起准备，打扫一下房间，提前准备好水、水果、零食等，用期待的语气告诉孩子："老师就是幼儿园里的'妈妈',她会仔细照顾你,做你的好朋友。"正面的话可以帮助孩子和老师有个良好的开始。切记,不可以用吓唬的语气说,"你不乖的话老师就不喜欢你了",这种话对以后的幼儿园生活和师生关系都有害无益。

最后,提前了解面对老师时沟通的重点有哪些。

(1)介绍基本信息。如果孩子能自我介绍,就更好了,包括介绍名字、年龄、兴趣爱好,擅长什么等。

(2)当着孩子的面,家长要突出孩子好的一面,如孩子喜欢读书、运动很好等。

(3)通常老师会带来一份调查表,请家长填好后,开学时一起带给老师。这份表格里,家长写得详细点更好,包括"不那么好"的一面,如孩子害怕什么、哪方面做得不够好、对什么过敏等,写得详细、条理清楚很重要。一方面,老师对孩子的了解越多越好;另一方面,家长写得细致,其实也说明家庭对孩子教育的重视。

二、日常与老师交流的方式

假设我们有两个朋友,一个你说什么他都懂,抛出的每个梗他都能接住;另一个每次说话都词不达意,泛泛而谈,每次都是抱怨的状态,你愿意和哪个朋友聊天呢?换位思考,老师也是一样的。

作为老师,更希望跟什么样的家长联系呢?家长懂不懂幼儿教育不要紧,最重要的是愿意学习、积极回应。如果对幼儿教育没有心得,那么请不要对老师指手画脚。作为家长,只带过一两个孩子,而对于幼儿园教师来说,一个班级里几十个学生,相比之下,幼儿教育方面老师更有经验。

一般情况下,家长的积极响应体现在方方面面。

1. 幼儿园的手工作业

现代教育非常重视亲子关系，重视家校联合，所以，幼儿园经常会布置一些手工作业。这个作业的重点在于家长带着孩子认认真真地完成，质量如何不重要，作品的颜值不重要，重要的是过程：和孩子一起完成，遇到困难后不气馁、多尝试、积极找方法。

2. 家长进课堂

幼儿园的教育，每个月的主题都不一样。家长可以配合主题，在家给孩子读相关的书、做手工，还可以申请去学校讲课。

在幼儿园讲解"家"这个主题时，我们几个家长曾经排练过一个节目，有讲故事的巫婆，有藏在桌子下面、只伸出手做手偶戏的隐形演员，有专门放音乐的家长，各家贡献出了形形色色的玩具。

在上课期间，"巫婆"老师特别邀请孩子们来做爸爸、妈妈、爷爷、奶奶、姥姥、姥爷、哥哥、妹妹。整堂课小朋友们格外兴奋，什么问题都抢着回答，什么角色都举手参与。被选中的小朋友兴高采烈，每个人都开始自我发挥，演小妹妹的那个小朋友"扑通"一下跪下来，在地上爬来爬去，"因为小妹妹还是个小宝宝"。大人们看来乱七八糟，小朋友们看来热闹非凡，简直太好玩了。

幼儿园的孩子们非常捧场，互动也非常积极，爸爸妈妈可以大胆进教室讲课，自己的孩子还会特别骄傲。对老师而言，家长进学校讲课，是配合老师的工作，老师也能了解家长的风格。

家长进课堂的注意要点如下。

（1）难度要低。无论是科普还是做手工，都要考虑到小朋友独立完成任务的难度。科普要换成小朋友能听懂的语言；手工尽可能做成半成品，到时候小朋友只要做几步就可以完成了。

（2）注意时间。幼儿园的时间很规律，留给家长讲课的时间有限，考虑到孩子们积极参与的热情和天马行空的思维，家长需要预留出提问题和互动的时间。这样下来，真正讲课的时间就要控制在 30 分钟以内。

（3）最好带一点和主题相关的礼物，人人都有，对积极回答问题的小朋友多多夸奖。

三、与老师交流时准确提出问题

每次开家长会，家长们都围着老师，七嘴八舌提问题。有的问题老师能回答得很细致，有的问题老师也在泛泛地说，"挺好的呀，吃饭睡觉都挺好"。这种问题和回答，在我看来就是"空对空"，提的问题空泛，回答得也不具体，表面上看其乐融融，实际上对小朋友真实的生活和学习并没有任何的帮助。

什么是空泛的问题呢？

举个例子，小明长得瘦小，胆子也比较小，小明妈妈很担心小明在幼儿园里会被欺负，于是问老师："老师，小明在学校里表现怎么样？"

猜猜老师会怎么说？多半会说："挺好的呀。"

和老师交流，一次只讲一两个主题就好，可以讲得深入一点。

小朋友在学校里表现如何，有没有哭闹，吃饭、睡觉好不好，有没有交到好朋友，哪里需要改进，方方面面都让妈妈们牵肠挂肚。要了解这些信息，除了平时和小朋友多交流，还要靠家长跟老师平时多交流。

首先确定好一两个主题，抓住细节问问题。例如，小朋友最近吃饭怎么样？有没有只吃肉不吃菜？每天能全部吃完吗？有没有挑食？再如，小朋友睡觉怎么样？入睡得快吗？能睡多久？

收到老师的反馈后，家长要针对这几个问题进行训练，周末也要严格按照学校的作息习惯，按时起床、吃饭、运动、午睡等，直到孩子养成固定的符合幼儿园作息的生物钟。

社交方面，爸爸妈妈应该主动承担起社交工作，有时间就多带孩子和其他小朋友玩，邀请其他小朋友到家里做客。

任何问题的解决，都是一个长期的、反复的过程。幼儿园里发现的问题，最根本的解决之道还是要落实到家里面。

四、家长要不要给老师送红包？

我曾经参加过蒙特梭利3~6岁幼儿教育，也参加过高级育儿师学习，班里有许多幼儿园老师。老师们吐起槽来和家长平时一样："3岁小朋友还穿着尿不湿上学，这完全是可以在暑假里提前解决的。""有的家长要求我一定要喂饱小朋友，可是独立的自理能力本来就是小朋友应该学会的呀。"我也有好奇的问题，便问幼儿园老师："要是有人送你红包，你会格外重视他的小孩子吗？"

"坦白地说，红包现在是不敢收的，会被举报，后果很严重。为了一点红包不值得。"

"有的家长特别看重送红包，我后来就转成礼物又送给小朋友了。"

"能不能真心喜欢孩子,还真的不是红包决定的。"

每年开学、教师节等重要的日子,家长们私下里就会联系频频,"要不要送红包啊?""该送多少呢?""要是人家都送了,只有我们不送,老师会不会对我们有意见?""所有人都送,就和所有人都不送一样,没什么特别了。"

红包一直在江湖上流传,可是却没有确定要送或确定要收的。那种坚定地要红包的人也是少见的,大多数的教师就如你我一样。

红包能有多大作用呢?我觉得没有多大作用。真正要让老师喜欢,还是要看孩子自己和家庭。例如,孩子自理能力好,懂礼貌,遵守老师的规则,嘴巴甜,手工能独立完成,犯错误时能好言好语地沟通等,对于这样的孩子,相信老师都会喜欢的。

所以,送红包并不是一种好的方式,家长不如把心思花在对孩子的培养上。

王侨萍
@安娜妈妈玩中学

毕业于东华大学。当妈后,人生陡然转了个大弯,开始读书,学月嫂课程、高级育婴课程、儿童感统训练,参加蒙特梭利3~6岁儿童教育,开中英文绘本馆、儿童英语启蒙培训班等。思想很重要,这决定了我们是谁,要往哪里去;行动很重要,这决定了我们能走多远。

第六章 如何让学习成为孩子的第一需要

学习是苦还是乐？学习需要头悬梁、锥刺股吗？新时代的妈妈告诉你，这些不存在了。引导孩子爱上学习，妈妈们可是八仙过海——各显神通。玩转诗词，带你领略古人风采；激发想象，引你进入涂鸦世界。在行动中爱上学习，在学习中享受乐趣，学习这件贯穿终生的事情，就不会再枯燥了。

小白到"学霸"的进化之路

引导孩子爱上学习,其实是建立在孩子对学习有反感情绪、不配合的前提下的。如果你的孩子热爱学习,恭喜你,只要按照他的天性鼓励和引导即可。如果你的孩子不是很喜欢学习,本文将用"情感引导"的方法,让孩子重新爱上学习。

一、与孩子平等对话并充分沟通

逐渐习惯了"上学"这件事的孩子,不代表他习惯做作业。面对作业有畏难情绪,是幼小衔接时很常见的情况。

有一次,我儿子看见抄写和背诵的作业,叹着气迟迟不肯动笔。

"总是让我做作业。"他总以为做作业是为大人完成的事。

"做作业仅仅是为了学写几个字吗?我辅导你做作业,仅仅是为了训你吗?"

他低头不说话。

"你知道吗?在我们现在生活的范围以外,还有更广阔的世界,但现在你周围都是和你一样的人,学识见识都差不多,所以你想象不到其他世界的精彩。你想去看更多的精彩吗?"

"想。"

"你有想象过未来过什么样的生活吗?比如,你说过想当一名画家,那你是想自己在家天天闷头画,还是去世界上最好的艺术院校学习?"

"去最好的学校,学更多的画画方法。"

"那如果把去最好的学校设立成目标,你该怎么做呢?现在如果你的目标仅仅是完成作业,这个目标很小,遇到的困难很容易挡住你。你克服了眼前的这个困难,得到的目标也只不过是完成作业而已。

"如果你的目标是考上世界上最好的艺术学校,那么每天做作业就是在积累去好学校的能力,写作业是增加学习能力的一个小步骤而已。完成它,你就离自己理想的学校更近了一步。

"你看,考上好学校,去看更精彩的世界,因为这个目标很大,所以困难是挡不住你的,对吗?"

"嗯。"

"现在你知道做作业是为了什么了吗?"

"为了解锁更多能力,成为更优秀的人。"

"还觉得做作业难吗?"

"好像不觉得难了,我会自己安排好学习时间的。"

是啊,如果你的目标很大,那么困难就会变得很小。如果你瞄准的是星星,那么至少会射中月亮。即使以后儿子考不上"最好的"艺术学校,那他至少会是个对社会有贡献的优秀的人。在情绪平和的基础上,家长可以试着和 7 岁的孩子讲道理,前提是平等对话并充分沟通。

二、先解决孩子的困难，再引导乐趣

听取了这么多大道理，不代表孩子就能时刻控制好自己的行为和情绪。因此孩子面对作业时抗拒、崩溃到大哭的情况会经常发生。如果用"专制"镇压，如暴打孩子一顿，或放手随他去，都会让孩子无所适从，成绩退步。学习和求知是人的本能，人从中可以获得极大的价值感和成就感，之所以没有乐趣，是因为困难超越了乐趣。由此可见，我们要先解决困难，再引导乐趣。

有一次儿子写生字，一边哼着小曲儿一边跟我炫耀："我已经写了一大半了哦，做完这个就可以玩了！"

我上前一看，全写错了，国家的"国"，就像一个框子里面扎了一串糖葫芦，外面漏风，里面露头，我告知儿子需要擦掉仔细抄写。

大概是离玩的目标又远了一步，儿子的情绪绷不住了，我还没反应过来，他已哭得前仰后合，其间还俯到桌面上撞了鼻子！

哭累了，平静了，准备改错字，看到这个阻挠自己去玩的"国"字，儿子便气不打一处来，刚提起笔又起了情绪，泪珠马上连成线滚了下来，扔掉笔继续掩面大哭。他一边哭一边愤愤地说："我跟这个字不共戴天！"

哭声不再持续高亢，但也没有停歇的意思。每当想克服困难提笔写完，却又升起新一轮的情绪。持续了半个小时，尽管泪已止住，但身体还在不自觉地抽噎。我深知此时说啥也不会入他耳，便一把将他抓过来，把他的脑袋埋在我怀里"充电"。过了几秒，他想抬起头，被我摁了下去，我说电还没有充满。他再次抬头，又被摁住。如此反复几次，他终于笑了："妈妈，你是在打地鼠吗？"

情绪崩溃，是身体能量报警、意志力到了极点崩盘的标志。此时指责和讲道理只会适得其反。面对情绪崩溃的孩子，唯有妈妈的拥抱才是让其镇定的好方法。我管这叫"充电"。

镇定之后,这个"国"字的结局怎么样了?发泄了情绪,平静下来之后,儿子认真地听了我的拆解。只有平静的时候孩子才能听得进去大人讲的道理。这回他不再哼着小曲儿写,而是郑重其事地写,自然写得十分规矩。晚上在练习册上的默写,甚至比抄写的还要规范。

我问及他的感受:"是不是觉得很有价值感,再也不怕这个很难的字了?"

"是的!笔画要不要出头,我记得很牢。"

对学习不太感兴趣的孩子,帮他重新建立学习兴趣很重要。可以引导孩子注意自己的闪光点并且强化它。

除了抄写、默写,还有什么办法能让孩子记住字母的样子呢?

英语有一项作业:复习字母。我叫儿子过来默写,他说:"让我先上个美术课行不?"

"是因为突然来了什么灵感吗?"

"是啊!我突然想画一所房子,有传送带和掩体的那种。"

"好吧,你画。"

过了一会儿,看到他画好了,我问他是谁住在里面。

他答:"他们是要打仗的。"

"那你打仗的兵在哪儿呢?不如派些字母做士兵吧?大小写都派一些,这样人多,可以分好几轮攻击。"

"好呀!"

于是,他不仅派了英文士兵,还有拼音士兵,除了健康的士兵,还有缠绷带和创可贴的"伤病员"。及时抓住闪光点,从他擅长的画画入手,切入英文作业的练习。写得都没错,英语作业完成。

最后说说关于"有趣"这件事。学习虽然是一件需要认真对待的事,但也不能总是"苦大仇深"地去面对。例如,儿子爱看太空类的科普节目,自诩为外星人。有一次,他边抄写作业边说:"哎,地球的字真的太难写了,但为了吸收这么温暖的阳光,我还是忍了,谁叫太空总是黑乎乎的一片呢?"

我回头一看,他把小桌子和板凳搬到了阳台去写。把抄生字这件事说成贪图地球的阳光,给自己找的台阶很不错,那天他很快就抄完了生字作业。

外星人这个身份其实还有别的用途。有一次,老师布置的作业有点少,他突然跟我说:"你知道我为什么数学这么厉害吗?我当初在宇宙空间的时候就学过。"儿子又接着说:"我以前在宇宙空间的时候,在班里数学就是最好的。我还记得同学给了我一张数学卡片,我很快就做完了。"

"是这种卡片吗?"我立马拿出了"5·3天天练"的口算小册子,继续说:"那天我打开这本小册子,里面掉出两本东西,你看看这本口算卡片是不是你的外星同学给你的,另一本(单元测验)是不是你宇宙学校里的老师给你寄来的?"

他看了一眼,说:"嗯,应该是他们给我的。"

"哦。难怪我以前没见过这两本练习册。看来你外星的老师和同学挺惦记你啊!"

"没错!我当初在宇宙空间数学就是全班第一。他们给我寄东西只能趁我们睡觉时偷偷地传送过来。"

"这么神奇的练习册,你赶紧看看,是不是和咱们地球上学的一样。"

"好,我做做看。"他打开第一页,指着上面的一个蝌蚪图案说:"你看,这个就是我们地球上没有的文字,以前我在任何一本练习册中都没有见过。"于是,他闷头做了起来。

就这样,我儿子从刚入学的激烈抵触,期中测试得 66 分的成绩,到现在一学期下来,变成了 99 分。我很少做学习上的辅导,转变孩子对抗的情绪,引导他对学习的兴趣,才是激发他主动学习的重要因素。

这其中我们做过识字卡片,报过课外网上课程,也用过沙漏、番茄闹钟这些辅助工具计时。但这些仅仅是辅助,真正热爱学习才是拥有自主学习能力的本源。拥有自主学习能力,孩子将受益一生。

现在的他几乎不用我反复催促写作业,手里拿着一个番茄闹钟,自己拧上 10 分钟看电视,10 分钟写生字,就开始行动。每次我过去检查,他的作业都会增加几行。已经有这种自制力和调节能力的孩子,说明已初步具备了自主学习的能力。

三、七招引导孩子,学习变得有趣

通过这半年的实践,以前不爱上学的孩子,现在已经觉得学习"很有意思"了。这半年我做了什么,现在可以分享给大家。

(1)陪伴。学习和好奇心是人类的天性,害怕学习,一定是遇到了什么困难。在遇到困难的时候,作为亲人,无条件地陪伴是帮助孩子渡过难关的情感基础。也许他说不清困难的来源,但他接收到家长传递给他的无论何时都不会抛弃他的信念,便会尝试恢复信心。

(2)底线。传递给孩子一个信息:六岁上学是法律规定,这个底线不能打破。就算父母是靠山,也不可以违法。学习是一件严肃认真的事,对待作业不能马虎，这也是底线。

（3）沟通。沟通分两方面，一方面，每天与孩子沟通他在学校的趣事（一开始真的很少，他总是闷闷的，自己画画，不社交），要找学校的亮点放大给他看。比如，加入少先队后的责任，学校的操场超级大，学校有攀岩课等。另一方面，跟老师沟通孩子的优点，拜托老师有意识地放大他的优势。如果他热爱劳动，就让他扫地、拖地；如果孩子中午不愿意午睡，就让他做纪律委员，照看大家午睡。

（4）识破他的诡计。有几次他说人生太难了，不想活了。我慌了，立马跟老师沟通。但老师说，孩子有时候会通过家长最在意的事情拿捏家长，于是在写作业和上学的难题上，我温和地、缓缓地引导，但坚定地不做退让。在他放狠话的时候，我也曾经焦虑、恐慌，但唯有密切观察、细心引导是为上策。养育孩子没有放之四海而皆准的标准，而是个动态博弈的过程，需要大人具备控制自我情绪的能力，不断地观察、判断，引导而又不评判。

（5）正面引导。对于作业，以"完成"为标准，不苛求。一旦孩子有一丁点进步，立马放大鼓励，他会从这项作业中获得价值感，对这方面的能力自信起来。一旦有价值感，人就会不自觉地重复这方面的动作，不断地挖掘价值以获得满足。对于能力不足的方面，不批评。比如，他记不住生字，就陪他多写几次，他恼自己时，提醒他他也有自己独特的优势。

（6）放手。以上5点同步做，有效果后，对辅导作业这件事放手，让他自己做。去年年底，有两个月我出差频繁，就把他放在学校上晚自习，这样反而更加坚定了他的自信心，每天的学习也不会过多地依赖父母。

（7）社交。一开始他学习成绩很差，纪律散漫，特别爱跟班上的几个学习成绩同样不好且不守纪律的男生一起玩，并称他们为"兄弟"。我并没有评价他的社交圈子，只引导他发现自我价值。人都喜欢跟能从对方身上获得价值的人一起玩,一旦价值观变了,社交圈自然会变(即使他跟学习成绩差的同学做朋友也不要干涉,能做朋友,一定有同频之处)。

总结如下,坚定地建立界限,与孩子统一战线,正面引导并放大孩子的优点,引上学习轨道后放手巩固孩子的自信。用情感引导的方法,不抓学习细节,重点放在充分的情感交流上,让孩子感受到他是一个被充分尊重的个体。这里有两个原则需要注意。

(1)既然学习是本能,那么引导孩子爱学习,只是帮助他清理发挥这个本能道路上的障碍。

(2)发自内心地、温柔而坚定地爱他,爱他本来的样子,爱当如其所是,而非如你所想。

你想让孩子成为什么样的人,和孩子已经成为一个什么样的人,是不可相互替代的。

张灿
@我是张灿

毕业于江南大学服装艺术设计专业。毕业后做过5年画家助理,擅长心理学和绘画。产后为了育儿,考取了亲子咨询师资格证书和绘画心理分析师证书。情感引导式育儿达人,为200多位妈妈解开过育儿的困惑。

怎样"玩"转诗词？

"宝宝，来，给大姨背首《将进酒》。"

"奶奶一听你背诗就高兴，给奶奶背一个。"

在日常和孩子相处的过程中，很多家长热衷于让孩子站在台前给亲戚表演背古诗，以此表明孩子很聪明。但如果这种场面的结果是，孩子在众人面前因为紧张而背不出来，孩子就会认为自己太糟糕了，会在小小的内心里把自己贬得一无是处。

这种行为在很大程度上是家长的攀比和虚荣心态在作祟。我们先要明确，孩子不是炫耀的工具。

诗词之美在于"起心动念"，诗人用有节律性的语言为我们创造了一个陌生又美妙的体验。这种体验把我们从日常烦琐的生活中抽离出来，让平凡生活有了诗意和浪漫。这种"起心动念"的奇妙感觉，怎么能让孩子以"表演式"背诗来体现呢？

因此，一定不要让孩子给别人表演背诗，也不要当着孩子的面对别人说他会背多少诗，这样才能让孩子对诗歌抱有单纯的心境，孩子才能对诗词产生真正的好感。

其实有很多方式能让孩子在和诗歌的神交中提升表达能力和审美水平。

一、和孩子"唠个古诗嗑"

柳树绿了的4月，我和女儿戴着口罩走在马路上，女儿忽然说："妈妈，只是走路没意思，我们来聊天吧。"

"好啊，那我们来唠个古诗嗑。"

唠古诗嗑是我们母女俩单独相处时的固定节目，就是用古诗来聊天。

女儿说："你看这棵柳树，我想到了'二月春风似剪刀'，春风'咔嚓咔嚓'地把柳树剪成了一条一条的。"

我顺势说："'咔嚓咔嚓'用得有画面感，不过春风这把剪刀是干脆利索的，还是润物细无声的呢？"

女儿说："是润物细无声的，就像'天街小雨润如酥，草色遥看近却无'一样。"

我们可以把古诗融入生活的方方面面。语言文字本身只是一种工具，但儿童学习是形象、有趣，需要整体感知的过程。在日常生活中"聊聊"古诗，正是把美的东西与生活中的具体景象和事物相融合。

周作人先生说，中国汉字具有游戏性、装饰性与音乐性的特点。父母能给孩子最好的启蒙就是玩，在玩中学，在玩中感受中国古典诗歌的节奏感和语言之美。

在"唠古诗嗑"的你来我往中，孩子的诗歌语言就丰富起来了，语言的丰富必然带来思维的活跃。

二、让孩子做家长的"诗歌老师"

"妈妈,我考考你,'无边落木萧萧下'的下一句是什么?"

这时候我经常要假装思考一会儿。

"嗯……是'为伊消得人憔悴'?"

"什么呀,再想想,答对了奖励你亲我一下。"

"老"母亲"努力"思考中。"哦,对了,是'不尽长江滚滚来'。"

"对!"

这是我和五岁女儿经常发生的对话场景。在学诗的过程中,要和孩子一起背,让孩子做小老师。没有什么方法比让孩子觉得自己能教大人更让他们感到自豪的。

有了"成功教学"的经验后,他们对学诗背诗的兴趣就会越来越浓,就想学会更多的诗再来教大人,慢慢就形成了良性循环。

孩子之所以能对学习古诗有长久的兴趣,也在于家长从来不把背古诗当作一项单方面加给她的任务,而是当作共同的爱好,一起慢慢享受。

读得多,背得多了,不仅更容易理解字面意思,也能逐渐学会领略诗歌中方方面面的美,这本身就是一个自然的量变引起质变的过程。

三、主题式古诗学习

"春",由"三""人""日"组成,往年的春天,大家早早呼朋引伴,开始在暖阳下、春风中踏青春游。但是2020年的春天有点特别,因为疫情我们不得不宅在家里,即使外出也要避开人群,捂上口罩。

因此,今年春天,我和女儿约定,一起"出发",去古诗词里找春天!

古诗中有哪些和"春"相关的景致呢?春雨、春花、春风、春水、春树、春草,每一种景象用诗歌表达都独有韵味。

接着围绕着每个关键词,我和女儿开始了选诗。

"千里莺啼绿映红，水村山郭酒旗风。南朝四百八十寺，多少楼台烟雨中。"是江南的落寞春雨。

"好雨知时节，当春乃发生。随风潜入夜，润物细无声。"是给人希望的"喜"雨。

"人间四月芳菲尽，山寺桃花始盛开。"是大林寺的烂漫"春花"。

"春风又绿江南岸，明月何时照我还。"是江南的"春风"。

"日出江花红胜火，春来江水绿如蓝。"是烟波"春水"，汨汨动人。

"野火烧不尽，春风吹又生。"是生命力旺盛的"春草"。

诗词就像一个闺阁内的假小子，别以为她神秘莫测，其实她可动能静，擅文长武，用轻碎小步引你进入一个大世界。

在这个世界里，你会自然而然地发现一些诗歌中的相似主题，把这些主题单拎出来和孩子一起"列队检阅"，是很棒的学习方式。

由此出发，不但可以在古诗中找春天，还可以找古诗中的夏天、秋天和冬天，可以找找古诗词中的"喜、怒、哀、乐"。家长拎出一条线，和孩子一起把散落在古诗中的珍珠串成一串项链。

每个关键词我们都用一天的时间去找，整个疫情期间，虽没有出门，但孩子得到的成长不减。终有一天，孩子会骄傲地称呼自己为一个"平平无奇的古诗词小天才"。

唐诗，仍是一种错过了就遗憾指数极高的东西。这么美的风景，你明明懂汉语却没能领略，那不是很遗憾吗？

人生自有诗意，诗意就在四季。每一个人都可以拥有自己的诗意生活。从小在孩子心里种下诗意的种子，当她成年后偶尔想起年少时咏过的诗和词，就能在或意气风发，或沮丧低落的日子里提醒自己，生活中还有那些让她起心动念的时刻,值得她脚踏实地,仰望星空。

> **王文韦**
> 微博认证儿童教育博主
> @是文韦啊
>
> 10年媒体工作经验,头部短视频公司亲子MCN产品总监,擅长亲子关系、儿童表达力、个人成长、短视频行业分析等话题。"在行"高分行家,北京卫视育儿综艺《爱幼星球》特邀嘉宾。

孩子不愿意写作业怎么办？

在日常生活里，辅导孩子写作业是每位父母都会遇到的事情。但是，孩子不愿写作业，你会如何做呢？小杰妈妈和玲玲妈妈也遇到了同样的问题。

一、家长的做法决定了孩子的想法

放学后，小杰在书房写作业。过了一会儿，妈妈来书房看小杰，发现小杰一个字也没写，反而在发呆。

"你为什么不写作业？"妈妈很生气地质问小杰。

小杰听到妈妈的责备，出于害怕，便答应妈妈会认真写作业。妈妈见小杰的认错态度不错，嘱咐完小杰便走出了房间。晚饭时间到了，妈妈叫小杰吃饭，小杰开心地走到客厅准备吃晚饭。

妈妈问小杰作业是否做完了，小杰沉默不语。这时妈妈更加生气了，呵斥道："不许吃饭，去写作业！"小杰见到妈妈这般生气，"哇"的一声哭了起来，晚饭便在小杰的哭声中画上了句号。

同样，放学后，玲玲回到书房写作业。妈妈走进房间，看到玲玲手上玩着橡皮擦，嘴里嚼着 QQ 糖，随即问玲玲在学校过得如何，有没有想和妈妈分享的。

这下打开了玲玲的话匣子，玲玲分享着学校发生的一切，母女俩聊得非常愉快，此刻房间充满了欢声笑语。分享完学校的趣事，妈妈和玲玲商量了写作业的规则，并设定好了完成的时间。

妈妈选择相信玲玲，暂时收走了零食与橡皮擦，让玲玲在书房安静地写作业。晚饭时间到了，完成作业的玲玲愉快地和妈妈享受晚餐。

同样是写作业，为什么两位孩子的结果截然相反呢？小杰和玲玲都不愿意写作业，但因为父母处理方式的不同，最后的结果也不同。

小杰的情况的确让人失望，写作业拖拉，没有写作业的意识，但妈妈的做法对吗？面对不愿写作业的小杰，妈妈采用了责问的方式对待孩子。在这个过程中，妈妈并没有站在孩子的角度思考问题，所以收到的结果也是比较糟糕的。

反观玲玲妈妈的做法，是值得肯定的。她尊重孩子，平等地对待孩子，站在孩子的立场引导玲玲，和玲玲一起克服困难，从而把不愿写作业的事情愉快地解决了。

二、让孩子在行动的过程中爱上学习

如果遇到孩子不愿写作业时，我们应该怎么办呢？

1. 询问原因

当孩子不愿写作业时，一味地责问孩子为什么不写作业，只会增加孩子对写作业的厌恶。这时应该询问孩子不愿写作业的原因，如果是不会写，家长就要有针对性地对孩子进行作业辅导；如果是会写而不写，则是学习习惯的问题，需要另行纠正。特别需要注意的是，与孩子沟通的方式一定要温和，要在一个轻松的氛围里交谈！

2. 让孩子参与

父母首先要充分信任孩子，给予孩子一定的自由，有了自由才会有选择，有了选择才会自愿去承担责任。与孩子一起制订写作业的计划、规则，让孩子有一种主人翁意识。孩子在制订计划的过程中会有强烈的责任感，带着责任感做事情对激发孩子的内驱力是非常有帮助的。

3. 养成自律的习惯

自律的行为习惯不是先天养成的，而是后天培养出来的。如何培养孩子的自律，取决于环境。孟母三迁、耳濡目染，说明环境对人的重要性。作为父母，给孩子提供一个良好的自律环境是非常有必要的。例如，孩子写作业的时候，父母做到不看手机，而是看看书或者处理工作中的事情；让孩子进入优秀的班级，向优秀的同学看齐等，这些都是为培养孩子的自律提供一个良好的环境。

4. 管理时间

给孩子建立时间规划表，列清单，按重要且紧急的事、重要但不紧急的事、不重要不紧急的事这样的顺序进行排列，并按照重要且紧急的事情先做，不重要不紧急的事可以不做的原则来规划时间。在孩子的房间放置时间沙漏，设置一个相对的时间，督促孩子完成作业或其他必须做的事，以此培养孩子自我思考、自我规划的能力。

5. 建立规则

无规矩不成方圆，对于小学阶段的孩子来说，规则的制定有利于自律的形成。建立一套由孩子参与制定的规则，明确奖惩制度。如果达到了设定的目标，孩子会得到相应的奖励；如果没有达到设定的目标，孩子则会得到相应的惩罚。

当然，奖惩不是目的，让孩子有规则意识才是最终目的。关于奖惩如何制定，要根据每位孩子的实际情况来确定。特别需要说明的是，对于奖励来说，低年龄段孩子可给予适当的物质奖励，中高年龄段孩子可给予精神方面的奖励；而对于惩罚来说，要找到孩子的痛点，即"害怕"什么，来制定相应的惩罚。当然，这里的"害怕"，不是对孩子进行体罚或者对孩子的人格进行攻击，这个是需要注意辨别的。

最后，通过找亮点的方式来引导孩子，让孩子在行动的过程中爱上学习，这也是教育的初衷。用一句话、一段路、一盏灯来陪伴孩子，是最好的方式。

刘云
微博认证高级中学语文教师、教育博主等
@刘老师的语文课堂

教育硕士，重点小学一线语文教师。曾任海风线上语文教师，帮助1000+孩子提高了语文成绩。从事教育行业5年多，擅长儿童心理学。新教育网络师范学院成员。

孩子喜欢乱涂乱画怎么办？

先讲一个真实的故事：崩溃的妈妈与满是涂鸦的家。

果果妈妈是我最好的朋友，有一天我路过果果家，一时兴起决定去探望一下好友。一进门，看到客厅墙壁、玩具桌、沙发、鞋柜、地板……到处都有画笔的痕迹，还有果果用不同工具戳的小孔、刮的花印子……果果妈妈略带歉意地邀请我坐下来喝茶。我们开始闲聊，聊着聊着果果妈妈就崩溃了。

原来果果从2岁多开始喜欢涂涂画画，妈妈爸爸虽然看不懂果果的绘画内容，但一开始都挺为孩子感到高兴的。果爸果妈都是受过良好教育的年轻的父母，教育方面主张自由，所以非常鼓励孩子画画。

然而接下来可怕的事发生了：果果不仅在纸上、书上画，而且后来逐渐发展到在门上、墙上、地板上、冰箱上乱画，甚至连床单也不放过。

这下有"洁癖"的果果妈妈绷不住了。她告诉孩子不准在除纸张之外的地方乱涂乱画，但反复警告的结果是无效！

她开始训斥果果，情急之下甚至还大吼了孩子一顿。看到孩子眼泪汪汪的模样，果果妈妈又心疼得自责不已。

最后，果果妈妈没收了画笔，爱画画的果果甚至开始尝试使用硬一点的玩具在墙壁上刻划。这下妈妈完全傻眼了，"没收作案工具"这个做法并没有奏效。

果果爸爸的态度就是听之任之，反正只是涂涂画画，总比在外面"闯祸"好。果果妈妈得不到"队友"的支持，甚是愤慨，经常一个人在家生闷气。果果妈妈既没办法阻止孩子乱画，又不能不让孩子画画，只能整天给孩子收拾残局，洗洗擦擦，非常烦恼。

我意识到果果进入了"涂鸦期"。果果妈妈当下最难把握的界限与矛盾点在于,既想让孩子自由发展,又想让家里尽可能地保持干净整洁,相信这也是很多妈妈共同的困扰。

于是我对果果妈妈说:"孩子的美术能力发展会经历6个阶段。其中2～4岁是涂鸦期,果果现在就处于这个阶段。涂鸦期又分为4个小阶段,1.5～2岁是无序涂鸦阶段,孩子喜欢拿笔乱涂乱画,主要是用笔在纸上戳来戳去,所作的画并不会有什么特别的意义,而是把握笔当成一个游戏;2～2.5岁是线形涂鸦阶段,孩子发现手中的画笔能够被自己控制,随着孩子手眼协调性的发展,孩子开始画方向无规律的线条。"

看着果果妈妈认真听的模样,我继续说道:"2.5～3岁是圆形涂鸦阶段,孩子能画一些简单的符号,如画一条直线或者曲线,涂鸦时孩子会注视画笔的方向。3～4岁是命名涂鸦阶段,宝宝更加注重细节的表达,此时你会发现一个有趣的现象,那就是画一条小鱼的时候,他会把眼睛画得特别大,这说明他开始关注细节了。每一个小阶段都是一个进步,孩子的智力发育与绘画能力是一起呈现螺旋式上升的。"

果果妈妈若有所思地点了点头,那么该如何应对"涂鸦期"的宝宝们呢?首先要明白,依据个体发育的不同,宝宝这种乱涂乱画的行为通常会从 2 岁左右开始，持续到 3~4 岁，有些甚至会持续到 5 岁左右。这个阶段，父母恰当的引导尤为关键！

一、儿童美术能力发展的规律

经常有父母会问我下列问题。

（1）孩子几岁开始学画画最合适，是不是一定要送到绘画班学习呢？

（2）孩子画的内容根本看不懂，画画是不是就是瞎玩？不如学习其他知识更有用处。

（3）在绘画班跟老师学画画，画得很好，回家什么也不会画，是不是需要学一学简笔画呢？

（4）孩子几岁开始画素描比较合适？

（5）开始画素描后，孩子就有点厌倦画画了，这该怎么办呢？

以上这些问题，家长在了解了孩子美术能力的发展规律后，就会找到答案。

2~4 岁为涂鸦期，在这个阶段，孩子的绘画要经历一个从乱线涂鸦、有控制涂鸦到命名涂鸦的过程。

4~7 岁为前图式期，孩子观察事物表现出强烈的自我中心倾向，并开始对事物进行象征性描绘，如用圆圈代表人的头。

7~9 岁为图式期，孩子会用几何线条的图式来表示视觉对象，图画的内容受个人经验和兴趣的影响。

9~11 岁为写实萌芽阶段，孩子绘画开始脱离图式，转向对事物进行写实，开始运用色彩来进行表现。

11~15 岁为拟写实阶段，孩子在绘画时力图逼真地表现事物。孩子开始审视成人或者艺术家的作品，并且临摹一些作品。

15~17 岁为青少年艺术阶段，孩子对艺术审美的敏感性和批判性都有所增强，但多数学生丧失了对美术的兴趣。

二、涂鸦对于孩子的成长大有益处

涂鸦看似是无意识的行为，实际上对孩子的成长有着至关重要的意义。

1. 绘画能力是除语言外的另一种表达方式

婴儿在出生后两三个月就能发出声音，一岁左右就会聊天式地咿呀学语，两岁就能用语言简单地表达所想和所需。语言是小孩学得最快，也是最直接的表达方式之一。

日本著名的艺术教育家鸟居昭美有一个有意思的观点，他认为文字比绘画晚一万年左右出现，而且文字（象形文字）起源于绘画。因此，孩子们首先应该获得绘画能力，然后以此为基础，再去获得书面语言（文字）的能力。

孩子在掌握了语言表达能力之后，在形成文字表达能力之前的这段时间里，绘画涂鸦就是孩子除语言外最佳的表达方式。

2. 手眼协调能力与专注力的训练

对于孩子来说，涂鸦更像是一种用手的劳动，以肩或肘为轴心，带动肩和手臂上下左右运动，能锻炼手、腕部等关节与小肌肉群协调动作。当手能足够灵活地做出这些动作时，便能画出清晰有力的线条，其趣味度完全可以媲美任何一款复杂的玩具。

因而，幼儿阶段的绘画更像是拿着笔的游戏，可以锻炼孩子手的能力。在"乱涂乱画"的过程中，孩子的手眼协调能力可以得到很好的锻炼与极大的提升。

除此之外，画画可以让孩子们快速进入全神贯注的状态，这是训练孩子的专注力最好的办法之一。很多专注力不够的孩子在上学后会出现很多的问题，而幼时的画画训练能及时地帮助孩子提高专注力。

3. 锻炼孩子的想象力和创造力

涂鸦是孩子乐此不疲的一种游戏。几乎所有的孩子都喜欢画画，他们需要通过线条和颜色组合来实现"画作"，不受任何限制地根据直觉挥洒创意，这需要宝宝展开想象力和创造力。

4. 提高孩子的观察能力

孩子喜欢画某样物品，就会对绘画对象本身产生浓厚的兴趣，通过观察、了解加深印象，自然而然地进入观察训练的自觉阶段。比如，画一只蝴蝶，蝴蝶身体的结构、眼睛的形状、翅膀的纹样与颜色……孩子会观察它并且牢牢地记住。

5. 锻炼孩子的脑力活动

孩子从记忆、比较、思考，到决定要画，再到大脑指导手去画，并通过观察来检验自己画得是否得当，这一系列感知活动，是孩子自己试探着完成的，是孩子眼、脑、手和谐调动，协调完成的，对孩子来说是多种能力的综合表现。思考力并不是与生俱来的，需要后天培养，恰好是没有正确答案的涂鸦活动，可以让孩子提出不同的意见，这样也就培养了孩子的思考和想象能力。

三、宝宝爱上涂鸦，父母应当怎么做？

虽然涂鸦益处很多，父母应当积极创造条件支持孩子涂鸦，但果果妈妈并没有对果果涂鸦的场地有丝毫约束，这样便传递给孩子一个错误的信息：在任何时间和地点都可以随手画画！这直接导致孩子没有养成一个好的习惯，于是涂鸦这一原本可以促进宝宝成长发育的好事情，变成了令妈妈头疼的事。

更极端的是，当有些宝妈看到宝宝乱涂乱画后，就会想当然地认为这是孩子调皮捣蛋的行为，因此会加以阻止，从而把宝宝绘画的热情破坏了，这样未免太可惜了！

当宝宝有涂鸦行为时，父母应该做好以下几点。

1. 提前准备涂鸦的环境和材料，培养宝宝好的习惯

我们应该在孩子乱涂乱画行为到来之前，提前选择一个光线充足、孩子不受干扰的固定地方布置起来。可以在黑板、墙面或者桌子上铺上大纸，对于刚接触涂鸦的孩子，纸张要大且相对要厚一些。提供给孩子多种绘画材料，如水粉颜料、蜡笔、油画棒、水彩笔、印泥印章等，让孩子感受不同工具、不同力度在纸上呈现出的不同效果，但要注意材料的安全性。

比如，我家就给宝宝划定了一个专属的绘画角。我给他准备了一套适合儿童身高的桌椅，布置了一面有趣的涂鸦墙，一个画板，还准备了一些纸、儿童画笔与颜料，让孩子在固定的位置自由作画，所以我家孩子几乎没有出现在墙壁上乱涂乱画的行为。每次宝宝玩着玩着，想画画了，都会习惯性地去绘画角，他自称是"宝贝的房间"。我给他拿出笔和纸，任由他画。

所以，防止宝宝乱涂乱画最好是提前做好准备，而不是等到宝宝有这种行为后再去纠正。因为孩子的记忆时间较短，家长可能说了数次，孩子还是记不住。

2. 宝宝已经开始在墙上乱涂乱画了如何纠正？

果果已经有在墙壁上乱涂乱画的行为了，我建议果果妈妈不妨划定范围，布置一个令孩子感到愉悦的专属涂鸦空间，在宝宝可触及的墙上、地上、家具上贴上纸，或使用黑板、魔术画板，让宝宝在这一方小天地里自由地发挥，尽情作画。

划重点：必须和孩子友善沟通后，再把孩子"迁移"到可控范围内，让孩子随心所欲地涂画。家长与孩子做一个约定，明确告诉他，在专属绘画空间里他是小主人，可以想怎么画就怎么画。除此之外，家里其他地方不可以画画，不遵守约定就必须承担后果——自己去清理干净。就算孩子能力上达不到清理干净的程度，也应该让他去做清理的动作，尝试自己承担后果。

父母可以跟孩子一起清理，直到干净为止，如此引导几次，不仅可以让孩子懂得界限在哪里，还可以教会孩子做错事情后需要勇敢地承担后果。

不久后，果果妈妈高兴地告诉我，爱画画的果果特别喜欢妈妈给他划定的涂鸦小空间，现在已经很少画得家里到处都是了。

3. 让宝宝自由发挥，尊重他，不要干涉他

妈妈爸爸们尽量不要对孩子的作品进行指导。也许在家长看来，宝宝画的是什么根本看不出来，也完全不像他嘴里所描述的事物，即便如此也不要去干涉他，更不要以帮助的名义教他怎么画，而是要让孩子自己去尝试。

前文中我们已经提过，孩子的涂鸦期要经过4个小阶段，若家长不了解孩子在涂鸦、绘画方面需要有这样阶段式的经历，急于求成、盲目指导，不如干脆不予指导。

不要过早地教孩子画具象的图形，这会阻碍孩子按照自己的感觉和意愿自由表达。等孩子到了图式期（7~9岁），此时系统性地教授绘画知识和技能才有意义。

4. 艺术启蒙，父母不是去"教"，而是去"听"

对于2~4岁孩子的绘画启蒙，家长的重心不是"教"，而是"听"，鼓励孩子通过绘画表达自己的情绪和想象。虽然我们看不懂孩子画的是什么，但我们应该认真倾听孩子的"画"。当孩子很努力地给我们讲解他的作品时，我们可以用略夸张的口吻回应："哇，原来是这样！这也太棒了吧！"以此调动孩子受到肯定后内心雀跃的情绪，不断引导孩子表达更多的情感。

这样会让宝宝既感受到陪伴，又感觉到自己的行为被尊重。父母温和、有宽度的引导，能激发孩子更多的灵感和创作欲望。

5. 陪孩子一起探索体验

涂鸦是孩子脑海中的想法和记忆事物的呈现，灵感来源于体验。读绘本和亲近大自然是孩子灵感和想象力的主要来源。

绘本是图文结合的艺术，插画精美，语言简洁，题材迎合孩子的兴趣。读绘本可以让孩子学会观察，接触更多的情景，模仿绘本中的经典句式，学习故事的表达逻辑，从而提升孩子对自己涂鸦的语言表达能力。

父母也可以带孩子走进大自然，去呼吸、去感受、去观察。孩子绘画能力的提高，离不开对生活的观察与体验。

另外，家长也可以让孩子欣赏大师的经典艺术作品或艺术性较强的动画片等。一方面，通过讲解画作的故事、艺术家的故事来扩大孩子的知识面；另一方面，在潜移默化的艺术熏陶下，孩子的艺术修养与审美力也会得到提升。

艺术史上赫赫有名的大师的作品都是人类艺术的精华与瑰宝。让孩子日常看到、听到、感受到经典的艺术，孩子的审美能力自然不会差。

6. 鼓励孩子表达

孩子的内心世界是丰富的。前几天，我看见3岁的儿子在纸上画了一条长长的线，又在线上画了圆，自问自答地说他画的是一条蛇，在大森林里面。我指着圆形问他，这又是什么呀？他告诉我那是蛇的眼睛。我又指着周围其他完全看不出形状的线条，问他是什么，他说那是挖掘机，正在农场里工作。

一天，一位妈妈告诉我，她女儿想在画纸正中央画一条鱼，但画在了纸张的上方。当妈妈问她原因时，她很机灵地解释道：这是一条跳起来的鱼啊！基于这样的故事情境，她又在纸张的下方安排设计了其他的内容予以搭配。这是多么好玩的体验啊！既动脑又动手，还能训练表达力。

有心理学家分析，幼儿的情绪很容易受周围环境的影响，特别是来自父母的情绪投射。所以当孩子欢乐地涂鸦后，需要父母"收拾残局"时，请爸爸妈妈多一些理解与包容，多一些思考与引导。千万不要因为不恰当的处理方式而埋没了孩子的绘画天赋。

毕加索有句名言："我花了四年画得像拉斐尔，但用了一生才像孩子一样画画。"其实不只是毕加索，马蒂斯、米罗、康定斯基都尊崇像儿童一样画画。

在艺术家们看来，孩子还没被条条框框所束缚，能够不受物体的表象干扰，可以以更直接的方式表现事物。而艺术家们的毕生追求，就是像孩子那样抓住事物的本质。孩子们的"涂鸦期"正是父母最需要珍惜和保护的"黄金期"。

胡娇玲 上海金南瓜儿童美术学校创始人。毕业于湖北美术学院，10余年艺术与教育从业经验，擅长儿童美术教育、家庭教育、亲子教育、儿童心理学。授课学生达2000余人，拥有大量原创艺术与教育类博文，微博访问量达百万人次。

孩子上课不认真听讲怎么办？

一、耐心沟通，了解孩子不认真听讲的原因

每次看到刘老师的来电，我心里都会一哆嗦。

"陈豆豆妈妈吗？我是他的语文老师。您今天有空来一趟学校吗？我有事情想跟您沟通一下。"

老师的话比领导的话还管用，我赶紧忙完手里的工作，向领导请假，奔赴学校。路上已经回放了无数遍老师刚才讲过的话，脑补了无数个场景，思考了好几个不同版本的应对方案。

"陈豆豆同学最近的课堂纪律很差，经常在老师讲课的时候插嘴。上课也容易走神，听几分钟就开始做小动作。你们家长要注意，虽然不是大问题，但是这样非常影响孩子对课程的吸收。长期这样下去，若养成了不良习惯，成绩就很难有提高了……"

"是，是，是……我一定注意，回去我跟他好好沟通。"

当妈的真是有苦说不出，我一个从小到大都拿奖学金的三好学生，居然被孩子的老师足足教育了一个小时。

回家的路上，我有些沮丧，陈豆豆跟在我身后，情绪也不是特别高。

我接过他的书包，问他："你饿吗？"他点点头。

学校后门有一家包子店，热乎乎的豆沙包是我俩的最爱。一路走一路吃着包子，我们心情都放松了不少。

我琢磨着怎么开口，毕竟我知道他是个"小话痨"。我和他爸爸刚开始发现陈豆豆的表达能力不错时很惊喜，后来慢慢发现他是个十足的"啰唆大王"，到现在头疼他的话实在太多，有点招架不住。

走着走着，他突然说："妈妈，我觉得我不喜欢语文课了。"

我有点惊讶，毕竟他以前最喜欢上语文课。

我问他："为什么呀？"

他咬着豆沙包，嘴里鼓鼓囊囊的，说："现在的语文课不好玩了。"

这时我突然想起来，他们这个学期换了一位语文老师。这位老师是学科带头人、教研室主任，经验丰富，但是要求严格。当时我们还窃喜，觉得对孩子来说这是个不可多得的好老师，可万万没想过，孩子还没有完全接受老师的教学风格。

我想了想说："对呀，妈妈觉得你肯定更喜欢戴老师的语文课，她真是太好玩啦！"

豆豆笑了。

我又说："不过，我觉得刘老师也不错呀，她有很多独特的学习技巧。"

豆豆苦恼地说："刘老师讲课太快了，有时候我听着听着就不想听了。"

我心里一激灵，原来根源在这儿！

我问："那刘老师讲的内容你都会了吗？"

"有些会，有些不会。不会的时候我就不想听了。"

我大手一挥，说："没事，不会很正常，学习就是从不会到会的过程，妈妈教你怎么搞定。先吃包子。"

二、找到根源，养成提前预习的好习惯

回到家，我们翻开课本，重新翻阅了这个学期要学的大纲。

以前我从未培养他养成预习的习惯，总觉得课程相对简单，学过了课堂上就不会认真听，即使老师强调过的预习作业也不重视，有时候来不及了就敷衍了事。我自己做学生的时候就不太喜欢预习功课，所以也不强求孩子。结果新学期来的这位刘老师讲课速度很快，要求也高，不在课外下功夫，很容易跟不上节奏，时间一长，孩子就会变得对学习失去兴趣。

我和孩子约定，每天拿出半个小时把功课预习一遍，要求不高，熟悉老师大致要讲的内容，做到心里有数即可。

我跟豆豆说："妈妈教你一个小妙招。如果你走神了，你可以轻轻动一下你的小耳朵，想一想小耳朵是怎么听课的；再动动你的小笔头，看能不能记下来。"

他赶忙说："妈妈，如果我还是走神，那该怎么办？"

我笑着说："那你就发会儿呆，不过不可以随意打断老师讲课，不可以影响其他同学。如果你想发言，那应该先干什么？"

他大声回答："要先举手！"

"对了，"我摸摸他的头，"先举手，得到老师的允许后才可以发言哦。"

三、及时交流，获得老师的支持和帮助

过了一周，我抽空去了趟学校，找刘老师沟通。

刘老师说："陈豆豆现在插嘴次数比以前少了，但总感觉课堂积极性不高，有时候不知道他是在认真听课还是在开小差。"

我诚恳地表示："刘老师，孩子确实还需要再改进，麻烦您多关照。如果他有什么插嘴或者开小差的行为，您给他一个手势暗示一下，孩子自尊心还挺强的，希望您多鼓励他。"

晚上我给豆豆预习功课时，灵机一动，问他："你知道刘老师的秘密手势吗？"

他不解地问："什么是秘密手势？"

我说："刘老师告诉妈妈，她非常喜欢你，说你是个善于思考的孩子。所以当你不认真听讲的时候，刘老师会用秘密手势提醒你。这是你和刘老师的专属秘密哦，别的同学都不知道。"

豆豆的小眼睛里放着光，显然非常兴奋。

第二天我去接他,他兴奋地朝我跑来。

他喊道:"妈妈,妈妈,我知道刘老师的秘密手势了!"

我惊喜地问:"哦?是什么?"

他卖了个关子,说:"这是我们的秘密,我要想一想才能告诉你。"

我轻轻笑道:"这个秘密可是妈妈提醒你的呀。"

他不好意思地说:"我每次开小差的时候,刘老师都会敲一下桌子,我立刻就明白啦!有时候她离我很远,我也知道她在提醒我!"

原来这位看起来不苟言笑的老师不仅接纳了我提的建议,还耐心地提醒孩子,我心里暖洋洋的。

后来,豆豆关于刘老师的话题越来越多,他越来越喜欢刘老师了。经过与刘老师的磨合,他发现刘老师不仅学识渊博,还有点小幽默。他成天跟我念叨,觉得老师非常厉害,是他的"第一偶像"。我乘胜追击,把他之前没有好好听讲的语文课重新给他补习了一遍。再次复习巩固,他也不再是皱着眉头学了。

这个和老师的秘密让豆豆觉得他在语文课堂里有了主角光环，连老师对他的批评他都甘之如饴。

终于有一天，他得意扬扬地告诉我，他当选为班上的"语文小明星"了。晚上他把老师颁发的奖状张贴到了他的房间里，全家都为他取得的小成就感到高兴。

当天晚上睡前我问他："豆豆，你现在还觉得语文不好玩吗？"

他有点亢奋："妈妈，我觉得语文太妙啦！说一个东西有那么多种说法，而且有些时候，看别人的文章感觉就像自己经历过一样。刘老师说了，文字是有魔法的！"

我继续说："对呀。这就是学习的美妙。这是你学习的经历给你带来的快乐，而老师只是你的帮手。所以，想要有收获，就得自己好好钻研才行，不能依靠别人。"

他若有所思。

育儿就像在升级打怪，任这个怪物有七十二变，我们也只需以不变应万变，那就是找出原因，对症下药。

如果孩子在课堂上不认真听讲，就先好好与孩子沟通，分析究竟是什么原因导致的。

如果是因为孩子都学会了，觉得上课没意思，那就给孩子增加一点难度，设置一点挑战，调动他的积极性。

如果是因为孩子跟不上学习进度所以放弃了，那就得在课外下功夫，帮助他预习功课，提前做好准备工作，加快学习进度。

如果是因为孩子不适应课堂环境或者注意力无法集中，那就要在家模拟课堂环境，给孩子做注意力训练，或者教孩子一些快速记笔记的小技巧，把知识由听力输入转化为文字输出，加强孩子的注意力。

更重要的是及时和老师沟通,得到老师的支持必然会事半功倍。

最关键的是,家长是孩子的行路指引,而不是带路人。我们能做的只是竭尽全力提供帮助,让孩子自己走上一条正确的路。

赵崔西
微博认证问答答主
@硬核懒妈

211院校经济学学士,中国人民大学研修学者,10余年财经工作经验,业内研究报告金奖得主。为当一个科学育儿的母亲,投入钻研发展心理学、儿童教育心理学数年,吸取P.E.T.(父母效能训练)、N.V.C.(非暴力沟通)、正面管教等多流派经验,目前已形成数十万字输出材料。

孩子过分在意老师的评价怎么办？

从上幼儿园开始，孩子每天都会在不同老师的教导下开启校园生活。有些老师性格温和，会照顾孩子的情绪和接受程度，委婉地进行说教；有些老师性格直爽，看到孩子好的表现直接赞扬，对孩子的错误直接批评。

无论什么样的评价方式，如果孩子对老师的评价照单全收，那么势必会长成"听话的小孩儿"，同时会丧失自己的判断力和创造力。

一般情况下，家长们都希望孩子在学校得到老师的夸赞，而对于孩子在学校得到的老师的负面评价，家长们往往有两种表现：第一种是如临大敌，结果给孩子太大的压力；第二种是不屑一顾，结果造成孩子不听从老师的教导，甚至和老师对立。事实上，无论是对老师的正面评价还是负面评价，上述反应都不是恰当的对策和办法。

一、对孩子情绪的及时发现

泰格一年级下学期的一天，我到学校门口去接他放学。学校门口已经聚集了各个年级的学生家长，都和我一样翘首以盼。

学校门前一批又一批的孩子像归巢的小鸟一样，飞奔到爸爸妈妈的怀里，只有泰格迟迟没有出现。

人群逐渐散去，家长们带着欣喜呼喊自己宝贝的声音越来越少，小孩子们叽叽喳喳互道再见的声音也逐渐稀落，这时我才看见泰格。和以往跟小伙伴有说有笑走出来的情形不一样，这次泰格独自一个人从校园里走了出来。远远看去，只见他背着大书包，小小的步伐迈得十分沉重。

等近了再看，才发现泰格手里捧着一张 A4 卷纸，边走边默默流泪，眼泪已经在脸上冲出一条一条纵横交错的纹理。看见我的那一刻，他撇着小嘴哇的一声哭了出来。

我赶紧把他的大书包拿下来，蹲下来把他搂在怀里，左手轻拍他的后背，右手用纸巾擦掉他源源不断涌出来的泪水，轻轻地在他耳边说："没事儿，没事儿，有妈妈呢！"这个时候孩子需要的不是解决情绪问题，而是妈妈温暖的怀抱和贴心的安慰。

等他哭够了，慢慢平复下来，我才准备解决情绪问题。我试探着问他："能告诉妈妈怎么了吗？"

他这才把手里一直攥着的卷子递给我看，我看了一眼，老师用大大的红笔写着：90。

泰格一直都不是能考出好成绩的孩子。他有着太多的缺陷——有的缺陷是可以后天弥补的，有的缺陷却是先天遗传无法改变的，我早已认清了这个事实，所以我看到90分的成绩也没有太过惊讶，但是卷子上的一行铅笔拼音字却让我很惊讶：我是全世界最次的人。

我问泰格："这是你自己写的？"

泰格回答："是。"

"为什么这样写？"

"老师说这次考试，全班得100分的有20人，剩下的都是98分、99分，95分以下的就太次了。我才考了90分，那我不就是全世界最次的人吗？"说罢他又忍不住掉下眼泪。

原来是在意老师说的话。

我问："老师有点名说'泰格，你真次'吗？"

泰格说："那倒没有。但是老师说了95分以下的都很次。而且妈妈你看，这'90'写得这么大，老师肯定是生气了才写这么大的！"

二、对老师评价的深度剖析

家长要对老师的评价有一个客观的认识。孩子在学校里当然要听从老师的教导,也希望得到老师的认可。但对于老师的评价,无论是正面评价还是负面评价,大可不必太在意。这是为什么呢?首先,班级里有太多学生,老师不可能照顾到所有孩子的心理感受。其次,无论老师的评价是负面的还是正面的,其宗旨都是激励孩子进步,所以家长一定要引导孩子进步,而不应在意老师评价的内容和方法。

如果孩子太过在意老师的评价,妈妈就要去引导孩子,避免孩子走向悲观的情绪。

我说:"老师是为了醒目,才把分数写得这么大,老师写 100 分和写 90 分都是一样大的!那是不是老师对 100 分的同学也很生气呢?当然不是啦,对吧?"

泰格瞪着大大的眼睛听我说话，不再抽泣了。

泰格的情绪表面上看是来自老师的评价，实质上是由于试卷成绩低，老师又没有给予恰当的鼓励。最根本的问题还是要解决泰格学习上的困难，但又不能让泰格感受到学业的压力。

于是我用轻快的语气说："啊哈，谁说一次考试得90分就很差了！很多大科学家小时候的考试成绩都不好，比如牛顿，还有很多诺贝尔奖获得者，小学的成绩也很糟糕哦！泰格能考90分已经很好了！让妈妈看看泰格错了哪些题目，这些题目泰格现在会了吗？不会也没关系，这阶段妈妈可以和泰格一起学习这些知识。以后泰格再有不会的问题，回到家里一定要和妈妈说哦！妈妈可以和泰格一起研究，一起学习！"

这时候泰格抬起小脸，眼睛里充满希望的光，如释重负地和我一起回家复习功课了。

三、对老师评价的正向反馈

几天之后在学校门口，泰格像小燕子一样飞回到我的怀里，给我看100分的卷子，还大声说："老师夸奖我了，说我进步很大！"

于是我说："泰格很棒哦！进步确实很大！不过，如果老师不夸奖泰格，泰格能不能看到自己的进步呢？也能看到，对吧？所以就算老师不夸奖，我们也不应该不开心，对不对？班级里的同学那么多，老师可能记得夸奖你，也可能不记得夸奖你，泰格只要知道自己进步了就可以了！"泰格同意地点点头。

我又继续说："假如下次老师批评了泰格，泰格应该怎么办呢？更重要的是解决问题，而不是老师批评泰格这件事，对不对？你看，我们把不会的问题解决了，无论老师批评我们还是夸奖我们，都没有我们学会了这个知识点更重要，对不对？"

在意老师的评价，是孩子自我意识发展的必经过程。但如果太在意老师的评价，而忽视了孩子内在力量的发展，就会让孩子不够自信，而总是试图通过外在的肯定来证明自己的价值。

缺乏自我价值感、对自己没有信心的孩子，在学校太在意老师的评价，在社会上也会太在意他人的评价，这都会影响孩子的身心和自我成长。所以，我们要教育孩子不要太在意老师的评价，而是让孩子将重点放在自我成长和稳定情绪的保持上，这样孩子才能度过一个平静而快乐的人生。

艾雪

微博认证教育博主

@普通高校非主流教师

高校教师，学生评选出的"我最喜爱的教师"，学校的"十佳思想教育工作者"，就读于东北育才学校的阳光男孩儿泰格的妈妈。

第七章 "好妈妈"不仅是一个人的妈妈

"妈妈,如果有了弟弟,你是不是就不是我一个人的妈妈了?如果有了弟弟,我的爱就要被分走一半,对吗?"

"不是的。妈妈是超人,妈妈的爱是无穷无尽的。妈妈会源源不断地产生爱,你除了得到妈妈的爱之外,还会得到弟弟的爱。你的爱没有被分走,而是又多了一份呀。"

有了弟弟,妈妈是不是不爱我了?

某个周六的下午,我陪哥哥在家玩英语闪卡。闪卡是硬纸材质的,正面是图案和英语,背面是汉字。哥哥很喜欢,每天翻来覆去玩,认识了很多汉字和英文单词。今天他和我玩的正是猜单词的游戏,我用手遮住图案,他只看英语,然后读出来。

看到"rain"这个单词时,他犹豫了下,说是"run"。我摇了摇头,哥哥知道自己猜错了,有点气恼地说"不,不,不。"我没有作声,他很生气地把卡片丢得远远的。

"没认对没关系,生气了扔东西可不好。"我皱了皱眉头,提醒他,"乱扔玩具,丢了找不到,下次就没有办法玩了。"

小朋友盯着我的眼睛不吭声,像极了气鼓鼓的小金鱼。

这个时候,有个圆滚滚的小身影一点一点挪进我的视线,是弟弟。弟弟刚满1岁,正是爬的时候,他撅着小屁股,吭哧吭哧地从卧室爬到哥哥身后,一脸呆萌地看着我。

我正想像平时一样叫"小酒窝"时(小酒窝是弟弟的小名),哥哥突然"哇"的一声大哭了起来。弟弟愣住了,停止了爬行,一脸紧张地看看我,又看看哥哥,又看回我。我十分不解,赶紧问哥哥:"乖乖,怎么啦?"哥哥边哭边说:"妈妈,你就光看着弟弟笑,看着我就不笑。"

听到他这么说,我愣了两秒,我仔细回忆了一下,并没有意识到自己笑了,当我再次把目光投向弟弟的时候,突然感觉到自己的嘴角不由自主地往上扬,这才明白,我自己没有意识到对弟弟的笑容,哥哥可是看得一清二楚。看到1岁的小婴儿又软又萌的样子,谁能把笑容藏起来呢?

我赶紧揽哥哥入怀,拿纸巾给哥哥擦了擦眼泪,说:"妈妈不是这个意思，妈妈爱你。"

没想到小朋友哭得更厉害了。

其实我和家人一直担心有了弟弟后，哥哥会觉得我们忽略了他。他幼儿园放学前，老人会把弟弟抱走，让哥哥回家后第一眼看到的就是妈妈，我每天都会留一段哥哥的专属时间。在这个专属时间内，哥哥的要求是锁上房门，只有我们在里面，没有手机，没有弟弟，我专心致志地陪他玩，陪他学英语。通常一开始小朋友会眉头紧皱，要40分钟到1小时后才会重新变回一个心满意足、天真烂漫的开心宝宝。

我继续轻抚哥哥的后背安慰他，可怜的弟弟不知道发生了什么，也跟着哭了起来，红着眼圈，大颗的眼泪像珍珠一样从眼眶里滚下来。

我更心急了，摁下葫芦起了瓢，哥哥哭声还没停，弟弟又接着来。我微笑着对弟弟说："来，过来，妈妈抱抱。"我把哥哥挪开一点，让他坐在我的右腿上，然后从爸爸手里接过弟弟，让弟弟坐在我的左腿上，也算是"左拥右抱"，两个小朋友现在都哭起来，哭声此起彼伏。

我和爸爸相视一笑，哭笑不得。想起弟弟3个月时，每天晚上哄睡的时候也是这个情景。两个都哭着要妈妈抱，要妈妈陪。原本已经和大人分开，独立睡自己的小床有半年的哥哥，看到弟弟和妈妈一起睡，也满脸委屈地哭着要和妈妈一起睡。

到现在我还能想起那幅画面：哥哥躺在我旁边，脸上满是泪痕，透着隐忍的委屈。我一只手抱着弟弟，给他喂奶；另一只手抚摸哥哥，让他觉得我在安慰他。一次又一次给3岁的哥哥解释："弟弟太小了，他都不会说话，需要妈妈给他喂奶，需要妈妈给他换尿布，需要妈妈拥抱他，抱着他，他才有安全感。"

哥哥刚开始也不同意，后来妥协到晚上睡觉要抱着妈妈的一只胳膊，不再跟弟弟争一个怀抱。但偶尔还是有一起哭的情况，每当这个时候，我都觉得好无助，不知道该怎么办。其实在弟弟出生前，我就很有意识地和哥哥描绘过弟弟出生后的画面，我们曾经有过一段这样的对话。

妈妈："弟弟出生后，可以看你的书吗？"

哥哥："可以。"

妈妈："能玩你的磁力贴吗？"

哥哥："能。"

妈妈："那你以后能照顾弟弟吗？"

哥哥："能，我可以给他冲奶粉。"小朋友骄傲地说，又补充了一句"那个时候我也长大了，可以冲奶粉了。"

妈妈："真是个好哥哥，那你以后可以教他叫'妈妈'吗？"

哥哥急了："他为什么要叫你妈妈？"

"因为他也是妈妈的宝宝啊。"我被他的逻辑搞得哭笑不得，赶紧买了本《汤姆的小妹妹》，给他读了很多次。

在弟弟出生的前两天，我住进了医院，同时安排姥姥每天带哥哥来医院看看我。第一天来医院，哥哥对医院特别感兴趣，这里看看那里走走。第二天的时候，他和我聊了几句后就想去游乐场玩。等弟弟出生后，哥哥又很快来看望了妈妈和弟弟。我当时就想让他知道，妈妈的大肚子没有了，弟弟出来了，弟弟长这个样子，希望他能接受。

弟弟出生后，大部分时间都是老人在帮忙照顾。认真算起来，我陪哥哥的时间反而要多一些。因为不想让他觉得有了弟弟后，大人们忽略和不重视他了，所以一旦他哭闹了，家人都第一时间去响应，甚至我会放下弟弟，优先回应他。尽管这样，哥哥还是觉得被忽略了。

回到现在，两个小朋友哭够了，又开心地玩了起来。晚上睡觉时，我和哥哥聊起了今天他哭的事情，问他是怎么想的，他说："妈妈，我看到你对我不笑，对弟弟笑，我以为你只爱弟弟，不爱我了。"

"怎么会呢？妈妈最爱你们两个。"

"那你爱谁更多一点？"小朋友穷追不舍。

我的脑子迅速转起来，该怎么说呢？想了想，我说："我爱你们两个一样多，但是我爱你的时间更久一点。"

"弟弟还没出生的时候，妈妈没有爱弟弟，现在他1岁，妈妈就爱他1年，但是妈妈爱你已经4年了。"

"嗯。"小朋友报以羞赧的笑容，把头埋进妈妈怀抱，踏实地睡着了。可是我却睡不着了，面对无尽的黑夜，仔细思考了一下，当我们有了二胎后，到底应该怎样平衡对两个孩子的爱呢？

一、抽出专门的时间单独陪老大成长

老二出生后，家人势必要分散一些注意力到老二身上，老大会有一些不习惯和失落感。同时因为老二年纪小，家人对他的要求也低，对老大就

不一样了，不管他在学龄前还是上学后，吃饭、穿衣、说话都要遵守规矩，对他肯定比对老二的要求要多一些和严格一些，老大会把这些要求和家庭新成员联系在一起，担心爸爸妈妈的严厉是因为不再爱他。

所以家长一定要跟老大说清楚原因，同时一定要每天抽出专门的时间来陪伴老大，及时响应老大的需求，用高质量的亲子陪伴，让孩子感受到父母的爱。

二、让老大积极参与到老二的养育中

重视老大对老二潜移默化的影响力，让哥哥参与到弟弟的养育中。例如，弟弟流鼻涕了，让哥哥帮忙拿纸巾；让哥哥当老师，教弟弟学数数，给弟弟启蒙英语，这样哥哥不但能产生价值感和自豪感，还能更好地接纳弟弟、爱弟弟，兄友弟恭的氛围就会越来越浓。

尤其是要鼓励他们，特别是哥哥，多考虑弟弟的感受和需要，提高孩子的共情能力。研究表明，两个孩子陪伴对方成长，会让他们比独生子女更懂得如何与人相处，两个孩子的共情能力也会更好一些。

三、让两个孩子站在家庭统一战线上

两个孩子有时候为一些小事争执吵架，其实也不用区分谁对谁错，或者谁对的多，谁错的多。注意一定不要偏袒任何一方，特别是偏袒小的。我的建议是，两个小孩都要批评，或者让他们内部解决。

这样老大就会知道，要达成统一，就必须好好说服弟弟；弟弟也知道，有时候需要服从哥哥。这样不但能提高他们处理问题的能力，让他们学会妥协和退让，还能增加孩子在一个战壕中的友情。在适当的时候，可以让两个孩子睡一个房间，和爸爸妈妈分开，两个孩子互相做伴，关系也会更亲密。

四、多和老大的同龄人的父母交流经验

我们在自己小家这个小范围内待久了,有时候会理所当然地认为老大不应该这么黏人,应该更懂事,但事实上这种理所当然并没有依据。我们应该多和老大的同学、朋友的家长沟通交流,看看同样年纪的小朋友在家是什么状态,对父母是什么样的情感需求,处于什么样的认知阶段。从而对比自己的孩子,及时调整对孩子的预期,及时响应孩子,避免发生孩子默默承受失望后,和家长疏远、不爱和父母沟通的情况。

总之,家长一定要用行动告诉孩子,即使有了再多的弟弟妹妹,爸爸妈妈还是一样地爱他,甚至还会得到更多的爱。爱是永恒的,不管什么时候,父母的爱是不会变的。

殷晓庆
微博认证问答答主
@ 游学锦鲤

毕业于中国石油大学(北京),在北京从事IT项目管理数年。家有两个小朋友。机缘巧合了解到菲律宾英语游学宝藏,一年内帮助20余人去菲律宾学习英语,组织数十名小学生暑期去菲律宾游学。

如何处理大宝和二宝之间的争执

周日下午，姐姐多多结束了网课，在玩具区和小宝玩。四岁的小宝坐在七岁的姐姐旁边，一个搭乐高，一个在帮忙，两个人有说有笑，一片和谐。我看了特别欣慰，拿着备菜走进厨房。姐姐越来越懂事，都能帮我带着弟弟玩了，我可以安心准备晚餐了。

刚洗完青菜放进锅里，突然听到外面传来吵闹声。

"还给我，还给我！"这是小宝的叫声。

"不还，这个球是我的，干吗要还给你？"多多回应道。

"快点还给我！"听起来小宝生气了。

"都告诉你了，这是我的，不是你的，你不要再来抢啦！"多多的语气也变得更强硬。

我本来不想出去，想想不放心，还是走到客厅看了看。

只见姐姐两只手高高举起球，绕着客厅跑，弟弟不够高，生气地跑着跳着想去拿球。眼看一直拿不到球，弟弟急了，开始大哭，边哭边去揪姐姐的马尾。姐姐不甘示弱，腾出了一只拿球的手，开始拍弟弟。想到还在锅里的青菜和一堆事，我一心想着赶紧让小宝别哭了。

我对多多说："多多，这个球是小班孩子玩的，你早就不玩了，快给弟弟吧。"多多一脸不情愿，非但不给，还举得更高了。小宝一看，完全够不着，哭得更厉害了。想着锅里的青菜，看着越发失控的场面，我的火"噌"的一下冒了起来。

"多多，你就给弟弟一下嘛，别吵了，妈妈还要炒菜呢。"

不说还好，这一说，直接打翻了"油瓶"，"火势"越来越大！

"我就不给，凭什么给他，这是我小时候的玩具。"多多突然大哭起来，边哭边喊。

看到多多的反应我马上意识到,坏了,这下麻烦了。可是我真的太烦躁了,完全控制不住自己的脑子,各种"抱怨"在脑子里闪现:不就是一个小球嘛,这都不肯给弟弟,弟弟都是玩你玩过的玩具,新的玩具几乎都是先给你,你这样,以后还怎么互相帮助?妈妈最近有这么多事,你就不能配合我一下,稍微给我省点心!

一、把自己放进"冷静角"

抱怨层出不穷地出现在我脑子里,我意识到没办法控制自己情绪,赶忙把自己拉回厨房,把青菜翻了翻,盛了出来,靠在墙壁上自己冷静了一下。

我深呼吸了好几次,拿出自我教练的连环问来问自己。

(1)我在什么情绪中?

(2)为什么有这样的情绪?

(3)我想要的是什么?

(4)接下来我能做什么?

我很生气、很委屈——真是熊孩子，妈妈都这么忙了，既要上班又要照顾你们，怎么就不能乖一点，体谅体谅妈妈。

还有羞耻感——上了那么多育儿课程，学了那么多育儿理论，怎么还没办法平衡好两个孩子，太丢脸了。

更多的是对未来的担忧——这点小东西都不分享，以后还谈什么姐弟情深，谈什么手足情深。

我想要的是——孩子能从冲突中学到解决问题的方法，而非我帮他们解决问题。

接下来我要做什么——第一，先让自己平静下来。第二，看到孩子们行为背后的需求。其实多多认为这个球是她的，这没错，这个球是她小时候买给她的；小宝觉得是他的，也没错，因为之前告诉他，姐姐长大了，这个球给他玩。他们两个都没错，他们就是想看看我的态度，想要我理解他们。刚才我说要把球给弟弟，多多一定很难过。第三，具体怎么做我还没想好，但我一定不能当裁判，孩子们也许只是想看看我的态度。

在心里回答完这四个问题后，我感觉自己的情绪平稳多了。于是，我

深吸一口气，给了自己一个笑脸，慢慢走了出去。奇怪的是，刚才觉得刺耳的吵架声、哭声，这会竟然温和多了。

这是解决冲突中最重要的一步，如果父母自身不是平静的，则很容易被孩子的行为激怒，斗争就会越陷越深。当父母内心平静、充满爱时，才能快速地将孩子从负能量中带出来。

二、只倾听，不评判

看到我走出来了，弟弟第一个冲到我身边，抓着我的裤子，委屈地哭着说："妈妈，姐姐把我的球抢走了，哇哇哇。"

姐姐也赶忙冲过来，抱住我的腰说："妈妈，这明明是你买给我的，不是弟弟的。"

我蹲下来把两个孩子都搂到怀里，说："妈妈刚刚在厨房，不知道发生了什么事，你们愿意和妈妈说说发生了什么事吗？"

"我本来……""我在……"两个小家伙又一起叽里呱啦说起来。

我深吸一口气，露出笑脸，换上一副调皮的口吻："孩子们，你们同时说啊说，妈妈的小耳朵用不过来了，一个一个说好吗？"

弟弟点了点头，没再说话。我有点惊讶，当给孩子更多尊重后，孩子会给我们惊喜的。

姐姐噘着小嘴说："妈妈，这个球是你买给我的，刚才我想玩，弟弟不让我玩，还要抢我的。"

弟弟擦了擦眼泪，接着说："妈妈，你上次说，姐姐长大了，不能玩小球了，这个就归我了，可是现在姐姐不经过我同意，硬要抢！"

"我想玩啊，这本来就是我的。"姐姐回应着。

"可是你，你要经过我同意啊！"弟弟憋红了小脸说道。

"一开始你那么大声，我就不想问你了！"姐姐的口气突然就软了下来。

"你直接拿走,我很生气,所以才大声说话的。"弟弟也慢慢平静下来了。

讨论对错、刚才谁先动手的、谁先欺负谁的,只会让孩子为了保护自己,证明"我是对的",越吵越凶,从而引发更多矛盾。只倾听,不评判,有时候这简单的一步,就可以帮助孩子看清自己及对方的想法。

三、认同孩子的感受

感受到了他们态度的缓和,我分别看了看他们,然后说:"你们两个人都想要这个球。"

"嗯!"他们异口同声地说。家里的球那么多,他们其实不是真的想占有,只是需要被尊重,这是我心底冒出来的感觉。

"多多,妈妈知道,这个球是妈妈原来买给你的。"说完我看到多多的眼中闪过一道惊喜。

"小宝,妈妈当时是说,这个球归你了。"小宝看着我,像捣蒜似的直点头。

当孩子们被"听见"、被认可后,那股要证明"我是对的"的冲动就会逐渐淡化,他们会慢慢恢复平静,开始愿意全面地看待冲突。

四、引导孩子自己解决问题

"你们两个说得都有道理,那该怎么解决呢?一起想个办法吧。"

"想不出来。"多多嘟囔着。

"那我们看一看,多多你的需求是?"我握着多多的手问。

"我的需求是要玩球。"

"小宝,你的需求是?"我转头看着小宝。

"我想让姐姐在玩球之前问问我的意见。"

"好,现在我知道你们各自的需求了。多多想要玩球,弟弟想要姐姐事先征得他的同意，有什么办法能同时满足这两个需求呢？"

"有了，那我玩之前问问弟弟，弟弟，你可以把球给我玩一下吗？"多多说。

小宝感觉到了被尊重，突然就从我怀里跳了出来，高兴地说："可以啊，姐姐。你问我我就给你玩。"

"那我们一起玩吧，我踢给你，你接住再踢给我。"多多把捧了好久的球放在了地上。

于是，两个人带着未干的眼泪开开心心地玩起来了，留下一脸欣慰的"老"母亲。

不要直接帮孩子提出解决方案，那样未必会被孩子接受。如果孩子还小，则可以慢慢引导，让孩子自己解决问题。通过一次次的引导，孩子会逐渐学会在冲突中解决问题，家长一定会为孩子解决问题的智慧而吃惊的。

五、事后复盘

晚上的"特殊时光"中，只有我和多多两个人，我和她聊起了白天发生的这件事："关于今天玩球这件事，你有什么想和妈妈说的？"

"妈妈，你以后不要说，让我把球给弟弟这种话了，我觉得你太偏心了，很生气，一点都不想听你说话。你让我给他，我就偏不给。"

"原来是这样，那下次你希望我怎么处理你和弟弟的问题呢？"

"你要帮我啊。"多多歪着头笑着看着我说。

我笑了起来，说："我帮你，弟弟该说我偏心了，我太难了，这可怎么办呀？"

"那你以后就不用管我们啦，我就偶尔和他吵吵，我会很爱我们家这只小熊（小宝）的。"

"宝贝，谢谢你告诉我这些，你真是个好姐姐。"我抱着多多，那一刻，我们两个都觉得很幸福。

我很庆幸有这样的事后复盘。情急之下说的话,伤了孩子我却不自知。我也庆幸和女儿一直保持着畅通的对话机制,她还愿意把心里话告诉我。

孩子的成长,都在这细枝末节的日常中。在不断地发生冲突与解决冲突中,他们学会了倾听,学会了妥协,学会了思考,学会了在冲突中寻找共识。这些点滴滋养着他们,伴随着他们成长的过程。

当然,有时候真的被吵得受不了时,吼就吼了,骂就骂了,别自己在心里暗暗自责、后悔。妈妈只是个凡人,凡人都有情绪,只有接纳不完美的自己,才能接纳不完美的孩子。

在写这篇稿子的时候,姐姐正在给弟弟读绘本听,童声朗朗,真觉得岁月静好,但也许下一秒,他们又会因为看哪本书而大打出手。

但,那又有什么关系呢?笑也好,闹也罢,他们都会一起慢慢长大,陪伴彼此度过漫长的岁月,就像真正的手和足。

若徐尘
微博认证教育博主
@一休多宝

厦门大学经济学硕士,国际教练协会认证教练,北美认证正面管教学校讲师,北美认证正面管教家长讲师,"非暴力沟通"积极践行者。阿德勒心理咨询专业在学。7岁女孩和4岁男孩的妈妈。

内 容 提 要

无助、抓狂、焦虑、痛苦、大吼大叫……你是否都有体验？控制、放任、贿赂、威胁是否是你常用的方法？本书以培养出孩子自律、责任感、合作精神、独立解决问题的能力为目标，通过一系列有效的实操方法，帮助你掌握"孩子怎么了，父母怎么办"的养娃技术。

阅读本书是一次心路历程，也是一次学习爱与接受爱的训练过程，它给了你走进孩子内心世界的钥匙，从而建立起父母与孩子的亲密关系。

图书在版编目(CIP)数据

好孩子，是教出来的 / 未来教育工作室著. — 北京：北京大学出版社，2020.12
ISBN 978-7-301-31702-0

Ⅰ.①好… Ⅱ.①未… Ⅲ.①家庭教育 Ⅳ.①G78

中国版本图书馆CIP数据核字(2020)第188230号

书　　名	好孩子，是教出来的 HAO HAIZI, SHI JIAO CHU LAI DE
著作责任者	未来教育工作室　著
责任编辑	张云静
标准书号	ISBN 978-7-301-31702-0
出版发行	北京大学出版社
地　　址	北京市海淀区成府路205号　100871
网　　址	http://www.pup.cn　新浪微博：@北京大学出版社
电子信箱	pup7@pup.cn
电　　话	邮购部 010-62752015　发行部 010-62750672　编辑部 010-62570390
印 刷 者	大厂回族自治县彩虹印刷有限公司
经 销 者	新华书店 787毫米×1092毫米　32开本　8.75印张　215千字 2020年12月第1版　2020年12月第1次印刷
印　　数	1—8000册
定　　价	38.00元

未经许可，不得以任何方式复制或抄袭本书之部分或全部内容。
版权所有，侵权必究
举报电话：010-62752024　电子信箱：fd@pup.pku.edu.cn
图书如有印装质量问题，请与出版部联系，电话：010-62756370